増補
新装版

社員満足の経営

ES調査の設計・実施・活用法

Employee Satisfaction
Management:
Practical Design,
Implementation,
and Use of ES surveys

Yoshida Hisashi

吉田 寿

HRガバナンス・
リーダーズ
フェロー

経団連出版

人的資本経営のはじまり

　本書の初版が出版されてから 14 年が経過した．おかげさまで，そこそこの評価を得て今日に至っているが，今般，この間の変遷をフォローする形で内容を見直し，増補新装版発行の運びとなった．この間，企業経営を巡る状況もだいぶ変革を遂げてきた．いま，改めて振り返ってみると，本書の初版発行時点では，冒頭の「はじめに」で株主重視経営へのシフトについて触れたが，それから時を経て，足元の大きな変化は，資本主義自体の再定義が議論されていることである．

　ご存じのとおり，これまでの資本主義のグローバルな流れは，株主への利益を最優先するやり方であった．資本主義の大命題は，いまから 50 年ほど前の 1970 年，『選択の自由』などの著書でも有名なノーベル経済学賞受賞者ミルトン・フリードマンによる「フリードマン・ドクトリン」に端を発しているといわれる．『ニューヨーク・タイムズ』紙でフリードマンは，「企業の唯一の目的は，株主価値の最大化である」と訴えた．これが起点となって，その後は米英が主導し，短期的な利益の追求が資本主義の原動力となって今日に至っている．

　しかし，いま状況は一変している．折からの新型コロナウイルス感染症によるパンデミックは，これまでの企業経営のあり方を根底から問い直し，単なる株主重視のみならず，企業を取り巻く利害関係者（ステークホルダー）を重視する方向へと舵を切りつつある．

　アメリカの経営者団体ビジネス・ラウンドテーブルは，2019 年 8 月，従業員や地域社会の利益をこれまで以上に尊重する方針を示した．2020

年1月21日に開催された世界経済フォーラム（WEF）の年次総会（ダボス会議）では，資本主義の再定義がテーマとなっていた.

特にダボス会議に集まった経営者からは，従来の「株主資本主義」（shareholder capitalism）ではなく，従業員や社会，環境といったステークホルダー（利害関係者）にも配慮した「ステークホルダー資本主義」（stakeholder capitalism）へのシフトを求める声が高まったのである. 資本主義の再構築は，単なる抽象論の域を超え，世界経済フォーラムは，環境や人的資本に関するものなど4つの分野で，持続可能な企業の取り組みを測定する指標づくりを開始した.

そもそもステークホルダー資本主義は，近江商人に由来する「売り手よし，買い手よし，世間よし」の「三方よし」にも通じ，日本的経営ともなじみやすい. 最近の「公益資本主義」（public interest capitalism）の考え方によれば，地球をも含めたマルチステークホルダーを前提とした「六方よし」（地球，顧客，仕入先，株主，社員（従業員／経営陣），地域社会）の経営にも通ずるものとなっている.

振り返ってみれば，これまでの資本主義は，合理性や利己主義がその前提であった. 企業が右肩上がりで成長していた時代には，経済合理性を追求することが合目的的であり，社会的価値の向上にもつながるものと考えられていた. その結果として，社員の給与も安定的に増え，モノやサービスに対する消費者の需要も満たされた. しかし，低成長の時代になると，企業を取り巻くステークホルダーの利益が必ずしも両立しなくなってきた. 一方で，経済的価値以外の価値を重視するなど，人々の価値観も多様化してきている.

従来から企業の社会的責任（CSR；Corporate Social Responsibility）が叫ばれてきた. しかし，この考え方は，株主価値や企業の持続可能性と社会に与える影響を異なる枠組みで捉え，企業活動の余力によって寄付やボランティアを行なう行為と理解されてきた. マイケル・E・ポーターが提唱したように，昨今ではこれは共有価値の創造（CSV；Creating

Shared Value）へと発展し，経済的価値と社会的価値が両立するところに事業機会が生まれ，それに合わせた戦略が中長期的な企業成長を後押しするとされるようになっている．これは，「共通善」（common good）の考え方にも通じるものだ．

このようななかで，いま重視されつつあるのが「人的資本経営」（human capital management）であり，社員満足度や社員エンゲージメントの状況である．

その背景としては，昨今，日本においてもコーポレートガバナンス・コード（企業統治指針）の策定と改訂を経て，各社においてコーポレート・ガバナンスが強化されるなか，重要なステークホルダーである従業員や社員に関する取り組みとして，ES（Employee Satisfaction；社員満足度）調査やエンゲージメント・サーベイに関する一定の情報を公開する企業が出てきたことがあげられる．また，各社の統合報告書のなかでも，人的資本に関する投資について開示する企業が増えつつある．

企業のサステナビリティ（持続可能性）を展望するうえでも，将来的な企業の業績や成長と強い関係性をもつと判断されるこの種の調査結果のスコアが今後，経営者報酬を決める際に，非財務指標として活用されるケースが増えてくるに違いない．

加えて，2015年に国連で採択されたSDGs（Sustainable Development Goals；持続可能な開発目標）やESG（Environment；環境，Social；社会，Governance；ガバナンス）投資という2つの流れのなかで，2018年，ISO（国際標準化機構）も人的資本のレポーティングに関する指標のガイドライン（ISO30414）を公表．2020年11月には，SEC（アメリカ証券取引委員会）が人的資本レポートの開示を義務化した．

日本においては，現時点でまだISO30414や人的資本レポートの開示の義務化までには至っていないものの，今後，このようなグローバルなトレンドを視野に入れ，プロアクティブ（先行的）に取り組む企業の姿勢が問われてくるものと思われる．

先進国では，おしなべてサービス業の割合が高く，人が競争優位の源泉であることは揺るぎない事実である．「ピープル・ファースト」（人材ファースト）を実現していくためにも，ESG 経営を実践していくためにも，財務諸表には表われない「見えざる資本」としての人材をどう有効活用していくかが，これからきびしくみられてくる．人的資本に基軸をおいた経営の実践が問われてくることになるのだ．

　見えざる資本である人材であるからこそ，ES（社員満足度）調査やエンゲージメント・サーベイを定期的・継続的に実施して，データを収集し，分析・診断を実施して定点観測し，改革・改善のサイクルを回して，企業変革の進捗や成果を「見える化」していくことが重要となる．特に人口が減少し，少子高齢社会がますます進んでいく日本では，「人材」を「人財」に変えていく取り組みが，ことのほか重要である．

「ヒト，モノ，カネ」といわれてきた経営資源のなかで，「ヒト」は，活用次第で付加価値を生む貢献主体である．そこに「人的資本」たる意味合いが生まれてくる．人に関するデータの蓄積やその活用は，「データ・ドリブン経営」や「データ・ドリブン人事」の実践においては必要不可欠であり，ピープルアナリティクスなどの手法を採り入れて，人材の現状に対する「打ち手」を考えていくことが，今後ますます重要性を帯びてくることだろう．データ起点の人的資本経営こそが，日本企業が生き残る道といっても過言ではないのである．

　こうみてくると，「人を活かすマネジメント」がメインテーマの時代は，当分続きそうな気配である．

2021 年 9 月

HR ガバナンス・リーダーズ

フェロー　吉田　寿

社員第一主義の復権

　企業経営をめぐる最近の顕著な変化は，ステークホルダー（利害関係者）のなかでも，とりわけ株主を意識した経営の実践が強く求められてきていることだろう．たとえば 2005 年 2 月，ライブドアの堀江社長（当時）が仕掛けたニッポン放送株の買収劇が「70 日戦争」とも形容されるフジサンケイ・グループとの熾烈な攻防戦を演じたのは，いまだに記憶に新しい．

　この事件は，日本においても欧米並みの M&A（企業の合併・買収）が本格的にはじまったという事実をわれわれに突きつけ，多くの国民が「日本もそんな時代になったのか」との感想を漏らすことにもなった．そしてだれもが，企業防衛の観点からも今後，いっそう株主重視の経営を実践しなければと考えるようになった．敵対的買収に関する聞き慣れない専門用語がたくさん飛びかった．

　しかしその一方で，「他人の家に土足で踏み込むような行為だ」という反発があったことも見逃せない．「堀江氏が社長になったら会社をやめる」と明言するニッポン放送の社員も続出した．タモリやビートたけし，中島みゆきなどの出演者からは，出演拒否や番組降板宣言が相次いで出された．この事態に，堀江氏も態度を軟化させ，「社員感情」への配慮を前面に出さざるをえなくなった．

　この事件は，社員満足度（ES：Employee Satisfaction）経営の意義，社員に対する視点の重要性を再確認するうえで，非常に大きな示唆を与えてくれた．社員感情を無視した経営は成立しないということである．

日本企業は，もともと社員重視の経営を実践してきた．働く社員への配慮に厚かったのが，これまでの日本企業の特徴だった．「人本主義」や「人間尊重の経営」は，日本企業のいわばお家芸．それが，折からのグローバル化の流れと日本経済の「失われた15年」の間に，資本の論理にもとづくアングロサクソン型の経営手法を取り入れるプロセスで，顧客重視や株主重視一辺倒となり，社員重視の姿勢が次第に薄れてしまった．年功主義から成果主義への時代的趨勢がこの傾向にさらに拍車をかけたように思われる．

　しかし，成果主義の人事制度改革を進める一方で，社員満足度に配慮する企業も増加している．とりわけ成果主義批判が高まるなかで，現状の社員の意識をきちんと把握して，次の人事施策に的確につなげようとする高い問題意識をもつ経営者が少なくない．昨今では，企業再編や経営統合，M&Aなどで組織に内的・外的なインパクトが与えられ，動揺が生じるケースも多くなってきた．そうしたなかで，ES（社員満足度）調査を依頼してくる企業が確実に増えてきているのが実情である．組織再編の時代には，これまで以上にES戦略の具体的な実行が重要性を帯びてくるということだ．

・・・・・・・・・・・・

　「ES」という言葉を最初に使い出したのは，ザ・リッツ・カールトンホテルだといわれている．同社の社員は有名な「クレド」（信条）を胸に刻み，自分たちの会社に誇りをもって日々の仕事に取り組んでいる．利益率も顧客満足度も業界トップクラスにあるサウスウエスト航空や旅行代理店のローゼンブルース・インターナショナルでは，「社員第一主義」を高らかに謳っている．顧客第一でも株主第一でもなく，社員第一なのだ．日本企業も，いま一度，原点に返って，社員第一主義の復権をはかるべきではないか．

　それは，もちろん顧客や株主を軽視してもよいということではない．社員満足と顧客満足との掛け算が株主利益になるという考え方があるよ

うに，社員満足の追求が顧客満足につながり，それが企業業績の向上を通じた株主利益に貢献するという因果関係への理解が重要である．

　ここでES戦略の意義はいうまでもなく，まずは現状の社員意識を確認することにある．現時点での会社や仕事に対する社員の意識や価値観，職場の雰囲気や上司・部下・同僚たちとの人間関係，仕事や組織を通じた将来ビジョンや社員個々人のライフプランに対する考え方などを確認することがスタートとなる．

　しかし，ESの状況確認の重要性は，単にそれにとどまるものではない．調査結果から明らかになった問題点や課題を抽出し，それを今後の重要取り組み事項として具体的な改善につなげていくことが求められてくるからである．世間で一般的に実施されているES調査の場合には，現状確認レベルにとどまり，具体的な施策展開にまで結びつかないケースが多いので，特にこの点は注意が必要だ．

　企業経営の現場では，成果主義に代表されるさまざまな経営改革への取り組みが行なわれてきている．しかし一方では，そこで社員の「やる気」や「モチベーション」を見落としてしまったとの素直な反省もなされてきている．企業価値を高めるために株主価値重視の姿勢を鮮明に打ち出すようになったものの，実はそれ以前に社員価値（やる気やモチベーション，ロイヤルティを高めるような社員に対する提供価値，あるいは社員自身の市場価値）こそが本質だとの認識が強くもたれるようになったのである．ここでいう社員価値は，コストと効率の論理では高まらない．社員を正しく動機づけ，モラールとスキルを高めて能力を発揮できるように環境を整備することが大切になる．

　このような考え方の根底にあるのが，「社員満足」（ES）の向上が「顧客満足」（CS；Customer Satisfaction）の向上をもたらし，それが企業業績の向上につながって「株主満足」（SS；Shareholder Satisfaction）を満たし，企業価値の創造に寄与するという社員満足経営（ES経営）の基本モデルである．このような問題意識をもって書かれたのが本書である．

　本書は,「ビジネスストーリー」と「Let's ES サーベイ」で各章をまとめた. ゲーム業界における経営統合という架空のケースを取り上げ, 社員満足経営のトータル的な考え方を解説するビジネスストーリーの展開を縦糸に, ES の現状を具体的に測定する手法としての ES 調査の実務を解説する Let's ES サーベイを横糸として全体を構成した. ES の重要性は理解していても, その測定方法がわからない, 実際に ES 調査は実施しているものの, その有効な活用方法がみつからないという企業は少なくない. そのような企業の ES 担当者にこそ, 本書をご一読いただきたいと考えている.

　企業の長期的・持続的な成長循環を実現していくためには社員満足経営を実践していくことが特に重要である. 本書ではそのことを, 筆者がこれまでさまざまな顧客企業で実施した ES 調査の具体事例にもとづきながらやさしく論じる. したがって読者のみなさんには, 本書を読み進むうちに, 社員満足経営の本質を理解するとともに, 具体的な ES の現状把握の手法を学んでいただけるものと考える.

　社員満足経営の実践は, 実際には地味な作業である. しかし, それを愚直に実践できる企業こそが永続的に成長できる企業となる. そんな企業での取り組みの一助として本書が活用されることを期待したい.

2007 年 3 月

吉田　寿

目次

2章

ビジネスストーリー2

Let's ES サーベイ2

3章

ビジネスストーリー3

Let's ES サーベイ3

4章

5章

6章

おわりに——ES の向上こそが企業の未来を拓く

カバーデザイン────斉藤重之
本文レイアウト

序章

進化を続けるES(社員満足度)調査

1．良質な EX（従業員体験）を提供する

社員意識調査を巡る昨今の動向

ES 調査などに長らく携わってきた筆者の立場から，社員意識調査や組織診断の昨今の流れをみていると，やる気やモチベーション，ES（Employee Satisfaction；社員満足），コミットメントに加え，最近ではエンゲージメントや EX（Employee Experience；従業員体験）まで，働く社員がどのような状態で仕事や組織と向き合っているかを突き止める理論や考え方については，諸派乱立，百花繚乱の感がある．

社員のやる気やモチベーションの状況についてにわかに関心が高まったのは，2017 年にアメリカ・ギャラップ社が発表した「エンゲージメント・サーベイ」のあたりからで，このときに発表された結果によると，日本の社員のエンゲージメントのレベルは，調査対象国 139 ヵ国中 132位．ここで「エンゲージメント」は「熱意あふれる社員」と訳されていたが，熱意あふれる社員は，アメリカが全体の 33％だったのに対して，日本は全体の６％しかいなかったという結果が，かなりのインパクトをもって報じられた．これを契機に，社員のエンゲージメントのスコアレベルやエンゲージメント向上策が話題となったのである．

さまざまな理論のどれに依拠するかは，その時点での判断でさまざまある．しかし，ここで重要なことは，いま現在，自社で働く社員の実態

がどうなっているのか．また，それが何に起因するものなのかをきちんと分析・究明し，それに対する的確な施策や打ち手を検討して実施するということだ．そのためには，真の原因究明のための組織調査の手法を確立して定期的に実施することが時代の要請となっている．

最近では，ピープルアナリティクスの領域や，人事のデータサイエンスの重要性が指摘されるようにもなった．今後は，人事部門といえども必要最小限，統計解析に関する造詣を深めていく必要性があるだろう．

すべての道は EX に通ずる

やる気やモチベーション，あるいは本書のメインテーマである ES についてはご存じの方も多いと思われるので，ここでは，コミットメントとエンゲージメント，EX について簡単に説明を加えておく．

まず，コミットメントとは，「やる気のある主体的なかかわり」のこと．かかわるメンバーのコミットメント（やる気・主体性）が高いと，物事はどんどん進み，成果も出てくる．そして，コミットメントの高いメンバーと一緒に仕事をしていること自体が，メンバーにとっては喜びや楽しさ，やりがいなどにつながっていく．何より，コミットメントの高いメンバーで構成されるチームは「強い」だけでなく，実際に一緒に働いていて「楽しい」ということになる．

一方，ギャラップ社調査のところで「熱意あふれる社員」と紹介されていたエンゲージメントとは，「所属する組織・団体への自主的貢献意欲」のこと．つまり，エンゲージメントが高いと，一人ひとりに自主性や主体性，自律性などが生まれてくる．所属する組織やコミュニティに対する「ロイヤルティ」（愛着）があるため，前向きに貢献しようとする意識が高まり，それが具体的な成果に対する貢献意欲となる．それは，また「この組織のためなら」「この仲間たちのためなら」という，自己成長や自己メリットとは違う力が湧き出ることにもつながってくる．小説『三国志』やマンガ『ONE PIECE』などで，メンバーが「このリーダー

図表序-1●エンゲージメント・レベル分析の例

◆エンゲージメント・スコアは，2.86点となっており，当社のエンゲージメント・レベルは良好な状態といえる
◆該当設問における平均点はすべての設問が平均の2.5点を超えており，いちばん高いのは，「現在の自分の仕事はやりがいがある」の3.04点となっている

エンゲージメント・スコア	2.86点
現在の自分の仕事はやりがいがある	3.04点
自分の業績は他の人と比べていいほうだと思う	2.56点
当社に愛着を感じている	2.97点

＊エンゲージメントとは，組織や職務との関係性にもとづく自主的貢献意欲のこと.
エンゲージメント・スコアは，ES（社員満足度）設問のなかでは，以下の3つの設問の合成指標として算出している.
仕事のやりがい：現在の自分の仕事にはやりがいがある
成果貢献意欲：自分の業績は他の人と比べていいほうだと思う
組織への愛着：当社に愛着を感じている

のためなら」とか，「この仲間たちのためなら」と力を発揮するのは，世の真理のひとつといえるだろう．ビジョンやミッションも人を動かすが，同じくらい，ロイヤルティも大事ということだ．

　筆者がこれまで手掛けてきた ES 調査のなかでも，たとえば図表序 - 1 のように，エンゲージメント・レベルを把握するための分析を行なってきた経緯がある．ここでは，「仕事に対するやりがい」と「組織に対する愛着」「成果への貢献意欲」の主要 3 要素の合成指標（平均値）としてエンゲージメント・スコアを算出しているが，のちほど本編で説明するように，「総合社員満足度」（トータル ES）の代表指標のように「総合エンゲージメント度」のような代表設問を設定して，エンゲージメント・レベルを測定することも可能である．

　一方，EX（従業員体験）は比較的新しい概念である．EX は，「従業員の能力や共感を高めるために最適な体験を提供する」（トレイシー・メイレットほか著『エンプロイー・エクスペリエンス』キノブックス，2019 年）ことで，経営活動や人事施策，職場環境のような，仕事において人に影響を及ぼすさまざまな要因によって醸成される．企業の顧客満足度に対して新たに CX（Customer Experience；顧客体験）という概念が生まれたように，企業と従業員を結びつける新たな概念として位置づけられる考

え方である．

　これからは，この EX を重視して，所属する組織のなかでいかに良質な EX を提供できるかが問われてくるように思われる．ES もエンゲージメントも，あるいは EVP（Employee Value Proposition；従業員価値提案）も EX を構成するひとつの要素であり，ES の向上，エンゲージメントの向上を通じて，いかに良質な EX の提供を実現できるかに尽力するのが企業の立場となってくる．

　すべての道は EX に通ずるといっても，過言ではないかもしれない．

2．ビジョンやバリューの「浸透度」を測定する

ビジョン・ブランドの「浸透度」を確認する

　ES 調査を実施していくなかで，いろいろなバリエーションも出てきている．たとえば，企業が掲げるビジョンやバリューがどの程度当該企業に浸透しているかを確認するために，ES 調査のなかで，あるいは ES 調査手法を応用して取り組むケースなどがある．

　クライアント企業 A 社では，創業 70 周年を機に，コーポレート・ビジョンとブランドの一新に取り組んだ．社名も旧来の○○電気株式会社といったものからアルファベットの社名を全面に押し出して，コーポレート・ブランドの刷新をはかった．そして，定期的な ES 調査の実施の際に，その設問項目のなかに，下記のような設問を加え，新ビジョンおよび新ブランドの社員に対する浸透度を確認したのである．会社としての取り組みがどの程度社内に浸透し認識されているかを，ES 調査の一環として確認したわけである．

【ビジョン浸透度の設問例】
　a. 私は，当社のビジョンを理解している
　b. 私は，当社のビジョンに共感している
　c. 私は，当社のビジョンについて会社から十分な説明を受けている

e. 私は，当社のビジョンにもとづいて，どのように行動すべきかを理解している

f. 私は，当社のビジョンにもとづいた行動を実践できている

g. 私は，当社のビジョンについて，他者に説明できる

　この「ビジョン」に対する質問の「ビジョン」のワードを「ブランド」に置き換えて，同じパターンで新ブランドに対する質問も行なっている．また，これにあわせて，新ビジョンのコンセプトの具現化度や差別化要素についても具体的に確認する設問を設定し，実施した．

　これらの結果を踏まえて，新ビジョンおよび新ブランドがどの程度組織に根づいているかを確認することができたのである．

バリュー（行動規範）の「認識度」を確認する

　また，クライアント企業B社の場合では，会社が掲げるコア・バリュー（行動規範）がどの程度，社員に認識されているかを確認するために，アンケート調査を行なった．

　この調査においては，「シーン・メイキング」という手法を用いて，実際に職場で起こっている一場面（シーン）を想定して記述している文章（短文）を読んで，それが会社が掲げているバリューのどれに該当する場面なのかを回答してもらい，その各社員間での回答の差異を確認したのである．

【次工程はお客様；シーン・メイキングの例】

　生産ラインでは，ラインの効率が最優先されている．何か不具合があっても部品や半製品の流れが滞ることはあまり望ましいことではない．しかし，最近，製品の不良率が上がってきていることから，根本原因を特定するためにも，問題が生じた場合には，ラインをいったん止めて原因究明する取り組みを開始した．この種の取り組みは，担当工程の作業をミスなく完遂することで，次工程に迷惑

をかけることを回避することに役立つ．また，たとえ短期的に生産効率が落ちても，長期的な生産工程の改善・改革に寄与する取り組みとなっていく．

　図表序 - 2のように，第1回目調査のあと，社内で「バズセッション」と呼んでいる各職場やチーム単位での調査結果をもとにしたディスカッションを行ない，各職場やチーム・メンバー間でのコア・バリューに対する認識の違いがどのような根拠や理由にもとづいているかを確認し，その後，まったく同じ調査をもう一度実施して，第1回目と第2回目での違いを確認するといった取り組みを実施した．

　間に挟んだバズセッションでの議論が有意義なものであれば，2回目実施の際の社員相互間でのコア・バリューに対する認識の違いは，第1回目よりは改善され，コア・バリューの意味するところの社員間での共通理解や認識が進んでいくものである．

図表序-2●バリュー（行動規範）の認識度調査への活用

　　◆本プロジェクト事例においては，現場におけるバズセッションの開催をはさんで，前後2回のバリュー（行動規範）認識度調査を行ない，行動規範の認識度の変化を定量的に測定
　　⇒全社傾向とチーム別認識度の変化を確認

第１回調査	バズセッションの実施	第２回調査

①単純集計・クロス集計
②全社傾向の把握・分析
③チーム別認識度分析
④重点課題の整理と報告

①調査結果を踏まえチーム別に実施
②理解度・認識度に関する気づきの醸成
③今後のチーム別取組課題の明確化
④具体的なアクションの設定
　　　　　　　　etc.

①バズセッションを踏まえた調査の再実施
②同，変化傾向の把握・分析
　※バズセッション実施の有無別も考慮
③今後の課題の整理と報告

3.　価値創造「進展度」と社員「幸福度」の測定

価値創造はどの程度進んでいるか

　また，クライアント企業C社では，ここ数年来取り組んできた全グループをあげての価値創造運動に対する成果を確認するために，ES調査手法を応用して「価値創造アンケート調査」を実施した．

　C社グループでは，近年，社会の課題を解決し，人々の期待に応える新しい価値の創出に力を入れており，その実現に向けて，組織風土の変革を含むさまざまな「変革への挑戦」を推進していた．特に全グループで総合力を発揮するため，部門や組織の壁を越えて，強みのシナジーを出していくことが重要との認識をもっていた．

　この「価値創造への変革運動」への取り組みがどの程度進んでいるかを確認するために，その代表設問として，ES調査でよく用いられる「総合社員満足度」を確認する設問手法を応用した．具体的には，「あなたの職場では，価値創造への変革運動の取り組みはどの程度進んでいますか？」という設問に対して，自分の職場が「非常に進んでいる」から「非常に遅れている」までの7段階の回答のどのあたりに該当するかを，全グループ社員に答えてもらったのである．さらに，価値創造を推進していくために重要な要素を「価値創造構造分析」を通じて明らかにした．

　この種の調査から，これまでの価値創造運動に対する取り組みを定量的に評価することができたわけだが，ESの調査手法は，このようなテーマにも応用することが可能であるという一例となっている．

働く社員の「幸福」を実現する

　先ほどの事例は，ビジョンやバリューの浸透度や認識度を確認するものであったが，最近では，ビジョンやバリューと並んで「パーパス」（存在意義）を重視する経営が台頭してきている．たとえば，「自分の会社

は何のために存在しているのか？」，そして「われわれはなぜこの会社で働くのか？」．この問いに対する答えを定義し表明する企業が増えている．「パーパス・ドリブン経営」へのパラダイムシフトだ．

　企業経営者は，自社の存在意義に立ち返り，社会的価値を財務的利益の上位概念として位置づけ，それを追求する姿勢をみせはじめている．パーパスは，企業のビジョンやミッション，バリューを定義するための根幹となる概念であり，世界の先進企業においては，パーパスを明確に打ち出し，それを軸にしてコンセプト，戦略，従業員の行動様式まですべてを統一する「パーパス・ブランディング」の手法を取り入れる動きが広がっている．優秀人材の獲得の観点からも同様である．

　いうまでもなく現在は，「人材獲得競争」（war for talent）の時代が続いている．最近では，DX（デジタルトランスフォーメーション）人材の希少性が取り沙汰されているが，それに限らず，年齢，国籍，性別，専門性などを超えて，多様な従業員が共有できる価値観があれば，組織としても強靭な体力をまとい，大きな力を発揮できるだろう．その際に重要なことは，企業が掲げるパーパスと社員一人ひとりのパーパスとがうまくシンクロ（同期）していることである．

　より大切なことは，精神的なつながりであり，それを構築するには，企業が進むべき未来の方向性と，従業員がそこで成し遂げたい思いとが合致していること．企業をひとつの舞台として自己実現がはかれるかを自問自答することである．そのような環境で働く従業員は，ほかの会社では得られない「幸福感」を得ることができるはずだ．

　国連の持続可能な開発ソリューション・ネットワーク（SDSN）が実施している「世界幸福度ランキング 2020」では，日本は，調査対象153 ヵ国・地域中 62 位．前年の 58 位からは一歩後退で，この結果からは何かしら悲観も漂う．

　従業員エンゲージメントの究極は，従業員一人ひとりの「幸福度」の向上であり，そのために今後重要な役割を演じるのが，最近よく話題に

◆調査スキームの検討では，社員幸福度を構成する要因を検討し，設定する
◆社員幸福度調査の具体的な設問項目も，このフレームのなかで設計される

「社員幸福度」を構成する要因（例）

【設問例】
○所属組織の雰囲気
○上司との人間関係
○同僚との人間関係
○部下との人間関係
○尊敬できる人物の存在
○上司からの支援　etc.

【設問例】
○年収水準の妥当性
○業界水準との妥当性
○業務との妥当性
○月例給水準の妥当性
○賞与水準の妥当性
○退職金水準の妥当性　etc.

【設問例】
○仕事に対するやりがい
○業務分担の明確さ
○仕事の量の妥当性
○仕事の質の妥当性
○社会的認知度・ステイタス
○責任と権限の付与度　etc.

人間関係

報酬　　仕事

取り上げられる CHO（Chief Happiness Officer；最高幸福責任者）の存在
である気がしてならない．パーパスとは，働く者にとっての生きがいや
働きがいと同義語といえそうだ．

　そんなところから，自社の社員の「幸福度」を測定しようと考える経
営者も出てきている．**図表序 - 3**は，クライアント企業D社が取り組ん
だ「社員幸福度調査」の一例である．

　こちらも，「総合社員幸福度」を測定するために，「あなたは総合的に
考えて，現在の仕事・会社・職場にどの程度幸福を感じていますか？」
との問いに対して，「とても幸福」から「まったく幸福でない」まで7
段階で答えてもらい，「仕事」「報酬」「人間関係」の3つの個別設問項
目との関係性（相関）をみて，当該企業で働く社員の幸福度の要素・要
因を確認するという取り組みを実施した事例となっている．

4．エンゲージメント経営の実践に向けて

「非金銭的報酬」がやはり重要

　本書の後段でも改めて触れるが，人の幸せや満足度は，必ずしもお金

のような「金銭的報酬」だけから得られるものではない．多くの調査結果からは，むしろ「非金銭的報酬」の存在が重要となる．近年，この非金銭的報酬要素の重要性が高まりをみせている．そして，この非金銭的報酬に絡んで最近重視されてきているものに，すでに触れてきたエンゲージメントがあげられる．

　たとえば，一人ひとりの社員の力を高めても，それが組織の力に結実できなければ意味がない．「組織力＝個人力×組織の絆」と表現できるが，個人力を組織力に結集するための組織マネジメントの実践には，組織の絆が重要ということだ．この「組織の絆」あるいは「信頼の絆」と言い換えてもよいが，これが昨今いわれるエンゲージメントにつながっていく．

　「信なくば立たず」という表現もあるが，この「信頼」を基礎とした絆マネジメントの実践が求められている．それは，一人ひとりの社員が「会社への愛着」と「仕事に対する誇り」，そして「成果への貢献意欲」を実践して，この３つの要素をバランスよくマネジメントしていくことにほかならない．これは，近年,「エンゲージメント経営」のコンセプトで語られるようになってきた．

チームを機能させエンゲージメント経営を実践する

　同様に，忘れてならないのは「チームワーク」である．最近では，特別な意味を込めて「チーミング」（teaming）という言葉も使われるようになっている（エイミー・C・エドモンドソン著『チームが機能するとはどういうことか』英治出版，2014 年）.「チーミング」は，業務の複雑化に対応すべく，物理的な制約に縛られることなくメンバー全員が常に学習しながら実行し，進化し続けながら業務を遂行・洗練させていくことをいう．

　よく考えてみれば，いまや伝説といっても過言ではない日本企業のかつての成功物語は，なにも一部のハイパフォーマーのエリート集団がも

たらした功績ではなかった．むしろ自分たちのおかれた立場で，自分たちのやるべきことをただ黙々と愚直に実行した，ごく普通の人たちによる集団的努力の賜物だったのである．

　実際の仕事では，特定の個人が単独で自己完結的に実現できるものには限りがある．一定のチームや組織単位でメンバーが協力し，協働することによって，また新たなものを共創できる場合が多い．近年，多くの企業で，チームやプロジェクトなど一定の組織単位のパフォーマンスを評価する仕組みの導入がはかられるようになってきたのも，人間関係における信頼構築のための絆マネジメントの実践が重視されるようになったからにほかならない．

　したがって，企業対社員，組織対個人といった狭い了見で物事を捉えるのではなく，個人を主体として，他者や外界との関係性のなかに価値を見出していく視点が，これからはことのほか重要となってくる．そして，そのベースには「相互信頼」や「相互支援」の精神がなくてはならないということだ．これは，最近よくいわれる「心理的安全性」（psychological safety）の確保にもつながっていく．

　報酬だけで物事がすべて解決できるものではない．組織の絆や信頼の絆に，われわれはもう一度着目すべきではないかと思う．エンゲージメントの本来的な意味は，ここに求められるべきであり，図表序 - 4 に示すように，ES 調査をその起点として，企業のあるべき姿を実現する「エンゲージメント経営」の体制づくりに取り組むべきというのが筆者の見解である．

　　　　　・・・・・・・・・・・・

　以上のように，ES 調査もその手法を活用・応用して，さまざまなテーマでの調査の実施と課題の解明へと，その裾野が広がってきているが，前口上はこのくらいにして，早速，ES 調査の実際の世界に入っていきたいと思う．

　ようこそ，ES ワールドへ…．

図表序-4●エンゲージメント経営を実践する

◆①ビジョン（組織のありたい姿）を明らかにし，②その社員へのビジョンの
浸透や共感度測定も含めた社員満足度（ES）を調査し，③ハードの改革と
④ソフトの改革を実行．エンゲージメントがすべての土台となる

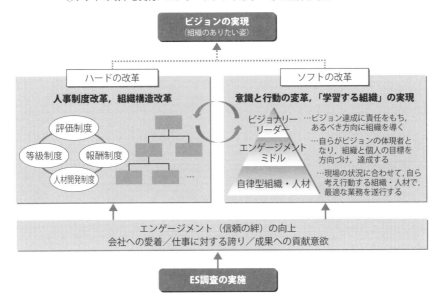

ビジネス
ストーリー

Let's ES
サーベイ

1章

ゲーム業界の大型経営統合

20XX 年 4 月，ゲーム業界大手の「ガイア・コーポレーション」と「トリトン・アミューズメント」の大型経営統合が新聞 1 面を大きく飾った．共同持ち株会社を設立し，この秋に経営統合するという．それは，総合エンタテインメント企業として，業界におけるドミナントな存在を確固たるものにする一大企業グループの誕生を意味していた．

（へえ，すごいなあ）

オフィスの自分の机で，朝一番のコーヒーをすすりながら，三咲裕二はそう呟いた．特にガイア・コーポレーションの名前は，三咲にとって馴染み深い会社だったからである．

三咲は，いまや「クール・ジャパン」（カッコいい日本）の象徴ともいわれる六本木タウンズにオフィスを構えるアポロ・コンサルティング・グループでパートナーという肩書きをもつ人材マネジメント・コンサルタントをつとめている．組織や人事関連の総合的なコンサルティング・サービスを提供するのが三咲の専門分野だった．

コンサルタント三咲への電話

いまから 10 年前，まだ株式公開前のガイア社から役員研修の依頼を受けたことが，三咲とガイア社との付き合いのはじまりだった．当時，ガイア社はほとんど無名に近い存在だったが，その後の躍進ぶりは目を見張るものがあった．店頭公開から 1 部上場まで 2 年とかからなかった同社の成長ストーリーは，業界の伝説のように語られ，創業社長の大地真輔氏は，「経営の鉄人」とも「カリスマ経営者」とも呼ばれている．

この間，三咲は，役員研修に続いてガイア社の人事制度改革を２年間担当し，その後も毎年，定期的なＥＳ（社員満足度）調査の実施を担当した．しかし，ここ２～３年は，特定のテーマでのコンサルティング依頼はなく，ガイア社を訪問することもほとんどなくなっていた．だから，ガイア社が経営統合をするという新聞記事をみつめながら，少し懐かしい思いにひたっていた．

　（それにしてもガイアとトリトンが組んだら最強だな．一人勝ちだ）

　三咲がそうひとりごとをつぶやいていたとき，電話が鳴った．

「もしもし，ガイア・コーポレーションの小比類巻ですが…」

　電話は，ガイア社の人事部長・小比類巻正人氏からだった．

「ひょっとしたら朝刊をすでにご覧になっているかもしれませんが，その件で少しご相談したいことがありまして」

「お久しぶりですね．はい，喜んでうかがいします」

　三咲は，すぐにガイア社の本社がある新宿へと向かった．

・・・・・・・・・・・・

「やあ，久しぶりですね．お元気でしたか」

　受付で待っていると，小比類巻部長がにこやかな表情で現われ，すぐに応接室に通してくれた．

「何年ぶりですかね」

「たぶん３年ぶりですね．ご無沙汰していました．でも，何やら今回はいきなり大変なことになっていますね」

　三咲は，小比類巻部長の表情をうかがいながら答えた．

「まだ正直いって何も決まっていないんですよ」といいながら，小比類巻部長は，少し説明を加えた．

「これからガイア，トリトン双方から人を出して，経営統合準備委員会を設置します．事業会社の経営統合に先立って，まずはトリトン＆ガイア・ホールディングスという共同持ち株会社をつくります．代表取締役会長兼社長には，うちの大地が就任予定です．持ち株会社は，汐留スー

パータワービルの 30 階にオフィスを構えることになっていますが，すでにオフィスのほうは，あらかた準備ができているんです」

　小比類巻部長の説明によれば，ホールディングスに設置される経営統合委員会のなかで，今後の経営統合に関するタイムスケジュールの管理と懸案課題の検討がなされていくという．なかでも今後の組織体制に関する検討とトリトン＆ガイア・グループとしての人事・処遇のあり方が当面の課題のようだ．

「ガイアさんは，当社もお手伝いをして，すでに成果主義型の人事制度に変えられていますが，トリトンさんはどんな感じなんでしょう？」

　実は，三咲は 2 年ほど前にトリトン・アミューズメントの人事部長・須藤勇気氏からも引き合いをもらったことがあった．三咲の著書を読んでくれていて，それを契機とした引き合いだった．しかし当時は，アポロ・コンサルティングを含めた 4 社によるコンペとなり，三咲の会社は残念ながら敗退してしまった．

「トリトンさんはその後，外資系の人事コンサルを入れて一時は人事制度改革に着手したんですが，いろいろあって途中で頓挫してしまって，そのまんまなんですよ」

「そうですか．それじゃ，制度改革も大きな課題のひとつですね」

　トリトン・アミューズメントは，ゲーム業界の草分け的な会社で，最近では「恐竜王者トリケラキング」が大人気ゲームとしてヒットしている．三咲自身も大学時代には，よく授業をさぼって近くのゲーム喫茶に行き，トリトン製のゲーム機に興じた思い出がある．

　トリトン社の商品開発力は業界随一だった．しかし，そのため開発部門の発言力が社内で強すぎ，組織マネジメント上の課題を抱えていると噂されていた．実際，日本経済が「失われた 30 年」といわれていた時期に，同社はその形容がぴったりと当てはまるようなきびしい状況が長く続いていた．業績的にも，かつての精彩を欠く状態が続いていた．

「そのうちトリトンの須藤くんからも連絡がいくと思いますから，相談

ビジネスストーリー1　　Let's ESサーベイ1

に乗ってやってください」

　三咲は「もちろんですとも」と笑顔で答えた.

　小比類巻氏が「須藤くん」と気安く呼ぶのにはわけがあった. 須藤部長は小比類巻部長のトリトン時代の2年後輩だった. ゲーム業界は狭く, トリトン社からガイア社へ転職してきている社員も結構多い. 一般社員レベルでも両社間での「人事交流」が多かったことが, 今回の経営統合が比較的抵抗感なく受け入れられる大きな要因になっていた.

　それから3日ほどして, 三咲の携帯にトリトン社の須藤部長から電話が入った.

「ガイアの小比類巻さんから三咲さんの携帯を教えてもらってお掛けしています. いつぞやは大変お世話になりました. 実はお願いがありまして…」

　三咲は, それからトリトン社の本社がある晴海を訪れた.

　　　　　　　　　　‥‥‥‥‥‥‥

　ゴールデンウィークが明けた頃, 三咲は汐留スーパータワーの30階にいた. この日は, 午後1時にトリトン&ガイア・ホールディングス会長兼社長の大地真輔氏にアポをもらっていた.

　受付をすませると, ほどなくして会長秘書が現われ, 三咲を会長室に案内してくれた.

「どうもご無沙汰です, 大地会長」

　部屋の奥の執務机で書類に目を通していた大地会長は, 顔を上げると, 「よう, 元気だったかい?」と三咲に声をかけた.

「今回は, またお役に立てる機会をいただきまして, 本当にありがとうございます. こちらのグループ経営にとっても, まさに転換点になる重要なタイミングでまたお声をかけていただき光栄です」と三咲が挨拶すると, 「まあまあ堅い挨拶は抜きにして」と笑いながら大地会長は言葉をつないだ.

「またきみにコンサルティングを依頼するわけだから, とにかくきょう

は，今回の経営統合の主旨や今後の経営改革に対する私なりの考えを正しく伝えておく必要があると思ってね」

　大地会長に促されて，三咲は中央のソファに座った．窓の外には東京ベイエリアが遠く一望できる．天気がよかったせいで陽の光が海面に反射し，まばゆいほどの輝きを放っていた．ビルのすぐ隣には，浜離宮恩賜庭園が広がりをみせている．

「いやあ，それにしても絶景ですね」と感嘆しながら三咲は，「会長のお考えは，プロジェクトが開始した時点で改めておうかがいするつもりでいましたから，お時間をいただけるのはこちらとしても好都合です．ぜひよろしくお願いします」といった．

新会社の改革コンセプト

　大地会長は，おもむろに話をはじめた．

「ゲーム業界はいま，まさに大きな転換点に立っている．いわゆる次世代機の競争が本格化してきているし，ソフトの開発費も急増しているしね．三咲くんもご承知のとおり，同業他社の合従連衡の動きも顕著だ．IT 化と人口減少社会のトレンドを前提とすれば今後，業界は抜本的な事業構造の変革に迫られる．国内市場での競争だけでなく，世界市場も視野に入れた戦略展開をしていく必要があるんだ」

「ええ」

　大地会長の熱のこもった話しぶりに，三咲は引き込まれるように相槌を打った．

「だから，まずは規模の再編で力をつけた．この経営統合でトリトン＆ガイア・グループは，売上規模が5000億円になる．5年後には倍の1兆円企業を視野に入れている．そうなるために，これまでの事業の柱であるゲームだけではなく，ビジネスの間口を広げて総合エンタテインメント型をめざす．それには，業務用アミューズメントからコンシューマー，その関連のネットワークコンテンツ，アニメーションやキャラクターグッズの販売に至るまで，一つひとつをきちんと育成していく必要

ビジネスストーリー1　　Let's ESサーベイ1

がある．それに加えてアミューズメント施設事業の拡大だ」

（そういえば大人向けのダーツバーや擬似カジノ，テーマパークなども最近は手がけていたな．アミューズメント施設自体も複合化し大規模化していく傾向にあると，最近の新聞で確か読んだぞ）と三咲は思った．

大地会長は，言葉を続けた．

「われわれ上場企業には，株主や投資家が求める安定した収益性とともに，成長性を実現する責務がある．そのためにも今回の経営統合が必要だった．ガイアはいま，ゲームソフト「天空の拳」が爆発的なヒットで，業績は好調だ．しかしこの好調がいつまで続くかはわからない．そして確かにトリトンさんは現在，経営的には弱体化しているかもしれないが，開発部門の陣容はガイアをはるかに凌ぐ．その，いまは休眠状態ともいえる開発部門の人材を目覚めさせ，成長軌道に乗せることが今回の経営統合を成功に導く大きなポイントだと私は確信しているんだ」

「会長のお考えは，よくわかりました」と三咲はいった．

「いま私は，株主や投資家のためにというような言い方をしたが，その本心は，むしろ社員重視の経営にあると考えている．株主や投資家の満足を得るためにも，まずは社員満足がなければダメなんだ．このあたりは昨今，よくいわれる株主重視の経営とはちょっと視点が異なっていると思う．つまり会社にとって必要なのは，単なる人手ではなく人材，しかも単に資源としての人ではなく，人は財の意味合いの人財なんだよ」

「ええ，よくわかります」

「だから，今回の経営改革のメインコンセプトは「社員満足の経営」，これでいきたいと思うんだ．この実現のために，三咲くんにも尽力いただきたいんだよ」

三咲は，大地会長の目が少年のように輝いていると思った．

（これなんだなあ．ガイア社をここまで大きくしてきたのは，まさしくこの会長の人間的魅力度．これが社員みんなの心の支えになっている）

三咲がガイア社の人事制度改革を担当し，新制度の導入を果たしてか

ら数年間，同社は ES 調査を毎年，実施した．制度改革の効果測定をする意味と，その後に新たに出てきた課題への対処のためである．この ES 調査のなかで特徴的だったのが，「ガイア社で働く理由は何か？」という質問に対する社員の回答だった．

「この業界が好きだから」と答えた社員の比率が高かったのは業界の特性上，よく理解できたが，それを抜いてダントツの1位だったのが「経営者を尊敬しているから」だった．ここでいう「経営者」が創業社長の大地氏を指していることはだれにもよく理解できた．それほど大地氏の人望は厚かったのである．

ガイア社は 25 年ほど前には，危うく倒産しかけたことがあった．それが，一人の強力なリーダー経営者の存在で，いま日本企業のなかでも一際そのプレゼンスを高めている．そんな大地氏への求心力が同社の活力の源泉になっている．

「よくわかりました．誠心誠意ご協力させていただきます」

「まずは，社内の精鋭を募って経営改革チームを立ち上げてほしい．それから具体的なアクション計画を策定し，行動に移してもらいたいんだ」

大地会長の瞳の輝きから，その本気度を窺い知ることができた．三咲は早速，行動に移すことに決めた．

集まった7人のサムライ

5月も半ばをすぎた頃，汐留スーパータワーの 30 階のオフィスでは，経営改革チームの顔合わせ会が開催されていた．

集まったメンバーは7人．ガイア社からは人事部の小比類巻部長と課長の菊田薫氏，トリトン社からは同様に人事部の須藤部長と課長の五味徳郁氏，トリトン＆ガイア・ホールディングスの経営戦略部から部長の宇野龍紀氏．これにアポロ・コンサルティングから三咲とシニアエキスパートの志渡真帆が加わった．

「改革の七賢といいますか，7人のサムライと呼びますか，いずれにせよここにお集まりの7人によって，当面の経営改革チームの旗揚げとい

うことになります」

経営改革チームのリーダーであるガイア社の小比類巻部長が最初に挨拶に立った.

「今年10月のガイア社とトリトン社の経営統合の実現に向け，この経営改革チームは，現状の課題整理と今後の対策を考えていくことになります. そのためにも，まずは全社員に対するES調査を実施したいと思っています. ES調査の実施にあたっては今回, このメンバーであるアポロ・コンサルティングの三咲さんと志渡さんにご協力いただくことになっています. そこで早速ですが，三咲さんから，ES調査の主旨と実施にあたっての当面のスケジュールについてご説明いただきます」

紹介されて，三咲が説明に立った.

「ご紹介にあずかりましたアポロ・コンサルティングの三咲です. 今回は，大地会長からのご要望もあり，お手伝いをさせていただくことになりました. 経営改革チームの発足にあたって，大地会長から提示されているコンセプトは「社員満足の経営」です. その実現のために，2年で会社を改革せよともいわれておりますので，この間，各メンバーの方々は，それぞれのミッションをきちんと果たされることが期待されています」

経営統合では，よく「100日プラン」といわれる. 合併や経営統合はスピーディに，3ヵ月強ぐらいですべての作業を完了させなければならないという考え方によるものである. しかし経営統合を果たした会社の実情をみると，いわゆるPMI（Post Merger Integration），つまり合併後の統合マネジメントに苦慮している企業が少なくない. その多くは，組織風土や人事・処遇の問題，あるいは働く社員の意識の問題が経営上の障壁となって，なかなか思ったとおりに統合が進まないことである.

そのような実情に鑑み，今回，経営改革のタイムスパンを2年と限定したこと，そしてまず初めにESの現状把握から入ることは，アプローチとしては妥当な判断だった.

「これから，毎週水曜日の午後1時から5時までを定例ミーティングの時間とさせていただきますので，メンバーのみなさんはしっかり予定に入れておいてください」

　三咲はそう説明し，つけ加えて，「現状把握のためのES調査の実施は，主として弊社のシニアエキスパートである志渡に担当させたいと考えています．彼女は，この道15年の調査・分析の文字どおりエキスパートです」といった．

　三咲に促されて，志渡が立ち上がった．

「志渡です．どうぞよろしくお願いいたします」

経営改革チーム始動！

　翌週の水曜日から，経営改革チームは本格的な検討に入った．この日は，当面実施するES調査の内容について，主としてアポロ・コンサルティングの志渡から，プロジェクターを使っての説明が行なわれた．

「それでは，これから実施の検討に入るES調査についてご説明いたします．経営改革課題の明確化のため，6月から9月の4ヵ月間にES調査を実施して，その結果を分析し，10月以降の本格的な経営統合後の具体的な施策展開につなげたいと考えています．いま正面のスクリーンに映し出されているプロジェクト・スケジュールにもとづいてES調査を実施する予定です（図表1-1）」

　志渡は，プロジェクターに映し出されるスライドに一つひとつ丁寧に説明を加えていった．

「ちょっと待ってください．本題に入る前にそもそもES, 社員満足度ってなんなのかというところからご説明いただけますか？」

　説明を聞いていたホールディングスの経営戦略部長・宇野氏が質問をはさんできた．

「確かにそのとおりですね．それでは，それについては私のほうからご説明しましょう」と三咲が答えた．

「社員満足度とは，ある企業なり組織なりに属している社員が，自分の

図表1-1●ES調査プロジェクト・スケジュール

◆プロジェクトの進捗に応じて，各時点で状況確認や作業報告を実施する

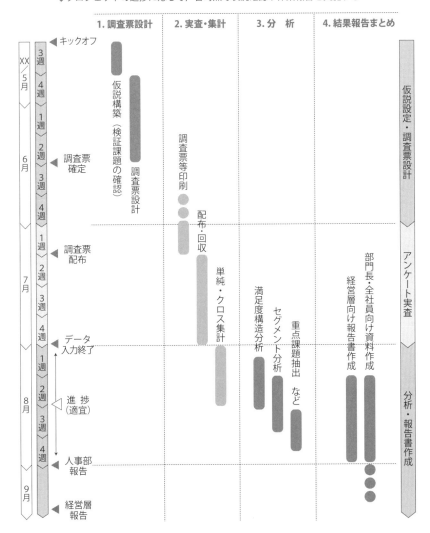

会社や仕事，職場に対してどの程度，満足しているか，その度合いを表わすものです．ここでいう満足度とは，事前の期待度に対する事後の認知度の差として表わすことができます．簡単な関係式で示すと「満足度＝認知度－期待度」となります．つまり会社から受けた恩恵やサービスがその期待度を下回ると，社員は満足することができない．

この単純な式が表わす重要なポイントは，認知度にしても期待度にしても，事実というよりも経験にもとづくきわめて心情的なものだということです．つまり重要なのはエクスペクテーション・マネジメント，平たくいえば期待値管理ということなんですが，サービスを提供する組織の主要な課題は，社員に提供するものの実態を管理するだけではなく，この社員の期待度と認知度についても正しくマネジメントするということなんです」

「うーん，なんかむずかしいですね」と宇野部長が唸った．

「われわれコンサルタントの仕事も，実は同じメカニズムが働いています．クライアントの事前期待がかなり高いところにあると，実際にはすばらしい仕事をしたとしても，それが事後の成果としては認めてもらえず，この場合は ES ではなく CS，顧客満足度になりますが，クライアントの満足度を著しく低下させてしまうことになる．クオリティの高い仕事がクオリティの高いサービスとは限らないといわれるゆえんです」

「なるほど，そんなもんですかねえ」と宇野部長が相槌を打った．

三咲は，笑みを浮かべながら説明を続けた．

「われわれは，この社員がトータル的に感じている漠然とした満足度のことを総合満足度と呼んで，ES 調査を実施するうえでの代表指標と位置づけています．これは重要な概念ですから覚えておいてください」

志渡がそこに口をはさんだ．

「説明を続けさせていただいてもいいですか？」

「次に示すスライドが，今回の ES 調査プロジェクトのフローです（図表1-2）．簡単にご説明しますと，まず実態把握・仮説設定のステップで，

図表 1-2●プロジェクトフロー

◆ES 調査プロジェクトは，以下のようなフローで進める

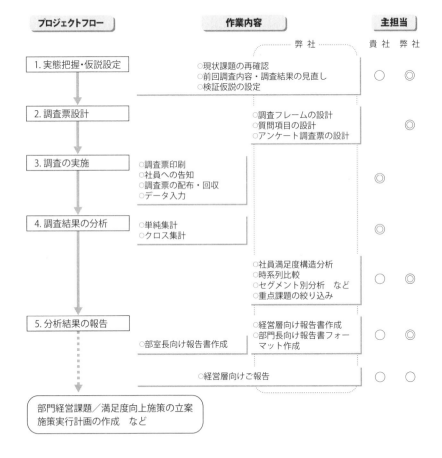

調査概要	
調査対象：トリトン＆ガイア・グループ全社員 対象者数：約 6,000 名 調査方法：調査票の配布・回収 調査時期：20XX 年 7 月実施	調査内容：職場に対する意識 　一経営ビジョン浸透度 　一部門経営評価 　一部門社員満足度

プロジェクトフロー	作業内容（弊社）	主担当
		貴社　弊社
1. 実態把握・仮説設定	○現状課題の再確認 ○前回調査内容・調査結果の見直し ○検証仮説の設定	○　　◎
2. 調査票設計	○調査フレームの設計 ○質問項目の設計 ○アンケート調査票の設計	◎
3. 調査の実施	○調査票印刷 ○社員への告知 ○調査票の配布・回収 ○データ入力	◎
4. 調査結果の分析	○単純集計 ○クロス集計	◎
	○社員満足度構造分析 ○時系列比較 ○セグメント別分析　など ○重点課題の絞り込み	○　　◎
5. 分析結果の報告	○部室長向け報告書作成　｜　○経営層向け報告書作成 ○部門長向け報告書フォーマット作成	○　　◎
	○経営層向けご報告	○　　○
部門経営課題／満足度向上施策の立案 施策実行計画の作成　など		

現状の課題確認と調査票に反映させる仮説を設定します．つまり仮説として，組織上のこのあたりが問題なり課題だと事前認識していることを質問文に反映させるということです．それを次の調査票設計のステップにつなげていきます．ここまでがだいたい1ヵ月，これを踏まえて調査実施のステップとなります．

調査票の配布から回収までは約2〜3週間です．そのあと調査結果の分析のステップに入ります．ここでは回答結果を単純集計，クロス集計するだけではなく，先ほど三咲から説明がありました総合満足度への影響度分析や集計単位別のセグメント分析，時系列比較などを行ない，重点課題の絞り込みを行なっていきます．ここは結構，時間をかける必要がありますので1ヵ月程度，時間をとっています．分析が済みましたら，最後に分析結果報告のまとめのステップです．ここも1ヵ月とっています」

志渡は，次に続く数枚のスライドを示した．
「このスライドにあるように，まず貴グループのES構造がどうなっているか，その仮説を立案します．そして，調査票を設計するための分析フレームを検討する．さらに，どのような分析モデルでいくか，その設計を実施します．最後に調査を実施して報告書を作成し，役員や部門長，社員に対して調査結果をフィードバックします（図表1-3〜1-5）」

志渡がひととおり説明すると，メンバーは一様にとりあえずは理解したという表情になった．
「なかなか一回の説明だけでは理解できないかもしれませんが，実務上の細かい話は，ES調査プロジェクトの進捗をみながら，ミーティングのなかでまたご説明いたします．きょうはとりあえずこのへんで」

志渡が説明を終えると，ミーティングルームの時計の針はちょうど5時を回ったところだった．

現状の課題はどこに？

5月最後の週の定例ミーティングでは，調査実施に向けた調査票の中

ビジネスストーリー1　　Let's ESサーベイ1

図表1-3●ES構造の仮説設定

◆調査票の設計に際しては，クライアント企業の問題意識や過去の調査データの再検討を踏まえ，当該企業社員のES構造に対する仮説を設定する
◆その上で，今回調査の論点（検証課題）と対応した分析フレーム・質問項目の設定を行なう

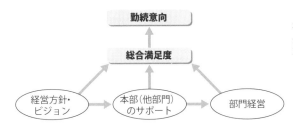

社員の満足度改善・モチベーション向上のための重点課題は？
○主因の仕事意識
○部門長のマネジメント
○本部との意思疎通・支援体制
○経営方針に対する共感

経営ビジョン・方針の浸透を阻害している要因は？
○特定階層（部門・職位）における意識ギャップの存在
○社員の労働意欲の源泉と経営方針・ビジョンとの乖離　など

身が具体的に検討されることになった．調査票の汎用フォーマットをメンバーにみせながら，三咲が口を開いた．

「これが一般的な調査票のフォームです．中身にもよりますが，だいたい100項目ぐらい設問が設定されています．内容的には，ESの代表指標となる総合満足度を確認する質問にはじまって，仕事や業務内容に関するもの，職場や上司，自己のキャリアに関するもの，評価や処遇，労働環境や福利厚生，そして会社の経営方針に関するものなどになります．

今回は，あらかじめ叩き台をこちらで準備させていただきました．実際に社員の方々に回答していただくと，100問で30分くらいかかります．回答者の立場に立つと，経験的にいってもこの程度の時間が限度かなと思います．あとは，今回の調査の主旨に照らして，これにどのようなオリジナルな設問を加味していくかがひとつのポイントになります」

「当グループの現状からすると，どんな課題が考えられますか」とガイア社の菊田課長が聞いてきた．

「経営者が自社のESの現状に特に問題意識をもつ場合は，やはり経営的に何かしら大きなインパクトが発生した場合ですね．今回などはまさ

図表 1-4●調査票の設計

◆調査票の作成は，過去実施された調査票などを参考に，より施策に反映しやすい分析フレームの再設計や質問項目の見直しを行なう
◆過去に実績がない場合は，当該企業オリジナルの調査票の設計に着手する

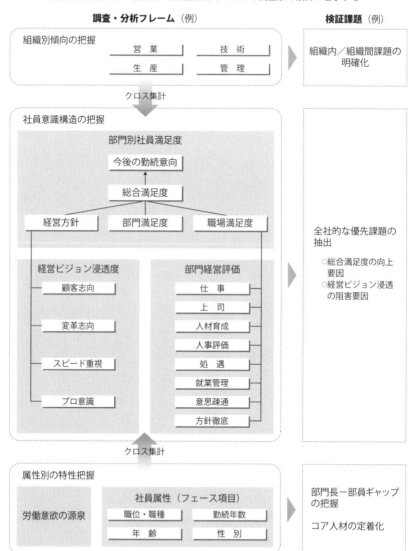

ビジネスストーリー 1　　Let's ES サーベイ 1

図表1-5●分析モデルの設計

◆ES調査の継続的な運用に向け，一連の分析の流れ（モデル）を構築する
◆継続的にモニタリングしていくべき重要指標を抽出（満足度構造の把握）し，満足度・経営評価を比較するセグメント（組織・社員属性）の切り口を設定する

基本的な分析のフロー（例）

満足度構造分析

総合的な満足度に対する各評価項目の影響度を測り，継続的に今後の改善が必要な重要指標を抽出

総合満足度に影響を与える要因

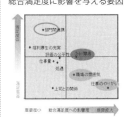

経営ビジョン浸透度

経営ビジョンの浸透状況を把握し，浸透を阻害している要因について分析する

「顧客志向」浸透度の分析
CHAID分析

時系列分析

時系列比較により，各評価項目の動的な傾向を把握し，満足度が低下傾向にある要注意項目を抽出

満足度 × 改善度（前回比）

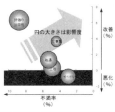

重点課題の抽出（全体傾向の把握）

セグメント別傾向の把握

セグメント（組織・属性）特性の把握

クロス集計による評価水準の比較や時系列分析の結果を元に，注目すべき問題組織や属性を明らかにする

満足度による部門ポジショニング

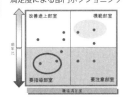

にその典型例でしょう．経営統合や事業再編，M&Aなどを契機に，社員の意識に動揺が走れば，そのような経営判断の効果が減殺されるおそれもある．だから，この経営統合の前に，現状の両社の社員意識を確認しておく必要があるということです」

「それでは，経営統合に関する質問項目は必須ということですね」と，トリトン社の五味課長がいった．

「そうです．少なくともこれを社員はどう受け止めているか，確認しておく必要があります．実際に，合併や経営統合が実施されて組織がひと

つになっても，人の意識はなかなか変わらないですからね．仕事のやり方ひとつ取っても，だれと一緒に仕事をするのか，仲間意識もありますから，なかなかうまくいかない」と三咲が答えた．

「実際に，これまでの日本の企業でも合併事例はいくつもありますが，そのほとんどは失敗しているなどともいわれますよね」と，ホールディングスの宇野部長が口をはさんできた．

「だから今回，トリトン＆ガイアグループは，一気に合併にはいかず，共同持ち株会社を設立する道を選んだ．共同持ち株会社のもとでは，ホールディングスはグループ全体の管理・運営に専念する．ガイア・コーポレーションとトリトン・アミューズメントという２つの事業会社を傘下に収め，経営資源のグループ内での最適化を進めることができる．これからのグループ内での事業再編にも柔軟に対応できるし，今後，新たに買収する会社が出てきた場合にも，グループ内への取り込みが迅速になる．その間に人的な融合をはかり，経営統合のシナジー，相乗効果を発揮できるようにするのが狙いですね」

ホールディングスの課題

三咲がそこまで話すと，宇野部長がいった．

「それはそのとおりなんですが，なかなか話は単純じゃなくて」

「どんな感じなんですか？」

「ホールディングス自体，ガイア社とトリトン社の両社からの寄り合い所帯で，現在のところ組織としてのミッションも明確ではないんです．このあたりが，ホールディングスに勤務する社員のモチベーションを著しく低下させている原因なんです．つまりここにきて，いったい自分たちは何をやるのだろう．いや，もっと以前の問題として，自分たちはこれからどうなるんだろうということなんです」

「ホールティングスの社員に関しては，そのあたりの問題意識を確認する設問を調査票に加えましょう」と三咲は答えた．

「一般的に，持ち株会社のミッションとしては，対内的には，グループ

ビジネスストーリー1　　Let's ESサーベイ1

全体の経営戦略や事業戦略，財務戦略などを立案したり，事業計画を作成したりして，計画と実績との差異分析や経営分析などの計数による業務管理を実施する．またグループ企業の人材育成を考えたり，グループ全体の一体感を醸成するためにグループ企業間の人事交流をはかったり，CIの確立に尽力したりしますね．対外的には，グループ企業全体を代表する会社なので，グループ企業全体としてのCSRの遂行にある．そのためにはグループを取り巻くステークホルダーの人たちとの調整を果たすことも重要な役割といえますね」

「実は，まだホールディングスとしての経営理念や方針も明確ではなく，それぞれの組織のミッションも整理されていないんですよ」

　宇野部長は，ホールディングスが現状抱える事態の深刻さを訴えた．

「わかりました．そのあたりも確認できるよう調査票を工夫しましょう．ほかに何か課題仮説はありますか？」

「当社のほうは，開発部門の現状を確認しておきたいですね．長時間労働が恒常的に発生していますし，仕事に閉塞感を感じている社員もいます．それと，アミューズメント施設部門の社員のモチベーションにも問題がありそうです」と，トリトン社の須藤部長がいった．

「わかりました．そのあたりを意識した質問も考えておきましょう」

「それから，当社の場合には，人事制度改革も課題なので，自社の制度に対する社員の忌憚ない意見も拾っておきたいと思っています」と須藤部長がつけ加えた．

「了解です．いろいろと課題が出てきそうですね．そのあたりも検証できるよう，設問に配慮しておきましょう」

　ひととおりメンバーの意見を確認してから，三咲はにっこりと微笑んだ．

社員満足度とは何か
ES調査の今日的重要性

　ビジネスストーリーの登場人物たちもやっと ES 調査を開始する段階に差しかかってきた．ここでは ES 調査の実務解説に入る前に，まず ES の基本的な概念を整理をしておこう．

1．株主価値偏重でいいのか

　「ES を高める」とは，社員の満足感を引き出し，社員の価値を高めること，社員が所属する企業に対するロイヤルティ（loyalty）や仕事に対するコミットメント（commitment）をもってやる気を発揮し，会社の目的と自己の目的を一致させてきちんとした成果を生み出していくこと，すなわち付加価値を創出していく経営をめざすということにほかならない．そのような考え方を本書では「社員満足経営」や「社員価値経営」という言葉で表現する．

「経営理念」で模索続く日本企業

　多くの日本企業では，このところ「経営理念」をめぐって錯綜が続いている．経営理念を経営価値と言い換えてもよいが，極端な場合，「株主が先か社員が先か」というような二者択一論的な考え方に陥りやすい実情がある．

　90 年代以降，それまでの成功をよそに日本的経営は機能不全に陥り，グローバル・スタンダードを合言葉に欧米流，とりわけアメリカ型の経営スタイルがかなり取り入れられた．アメリカで成功を収めている（と

当時は思われた）経営手法やツールを続々と導入してきた．成果主義を
はじめとする人事制度改革はその典型例だが，その流れは経営そのもの
のあり方にまで及んだ．コーポレート・ガバナンス（企業統治）などと
いう言葉も 90 年代前半にはさほど聞くことはなかったが，2000 年代以
降，日本ではその価値を重視する気運が高まってきている．そうしたな
かで，古くて新しい話だが「企業はいったいだれのためにあるのか？」
といった根本的な問いかけが出てきている．

　戦後，日本の経済的成功の背景には，人を企業経営の中心におく「人
本主義」の原理があり，人を大切にする「人間尊重の経営」という観点
から，社内にいる社員に向いた経営に注力してきたといわれる．しかし，
あまりに内向きの経営ばかりに目を奪われ，外部の環境変化にうとくな
る面もあった．90 年代以降，多くの日本企業は，環境が変わっている
のに組織も変えずに雇用だけを死守しようとするような硬直的な方向に
走る動きもあり，結果，経営はなかなかうまくいかず，いわゆるリスト
ラのような事態に陥ってしまった．すると今度は，組織の内部に目を向
けすぎた経営への反省から，外に目を向けた経営を志向しようと，株主
重視の考え方が台頭してきた．株主価値や株主満足を志向する経営がそ
れである．

　しかし，株主価値経営とはいうものの，株主ばかりに目を向けて経営
をしていては当然，それ以外がおろそかになる．そこで，企業をめぐる
すべての利害関係者との関係性を重視するステークホルダー論が出てき
た．ステークホルダーは，その企業を取り巻く株主や顧客，社員，取引
先，その企業が存立している地域社会などとのバランス，それらとの共
存共栄をはかる経営ということである．それが昨今，よくいわれる CSR
（Corporate Social Responsibility；社会的責任）であり，CSV（Creating Shared
Value；共有価値の創造）である．ステークホルダーのどこに本当に力点
をおいた経営をしていけばよいのか，望ましい経営理念とはどのような
ものか，現状の日本企業は，まだまだ模索が続いている．

企業成長の原動力は人にある

　しかし総じていえば，いっとき外部に振れていた振り子の針は昨今，また少し社内や社員のほうに戻ってきている．企業成長の原動力は財務や戦略にあるのではなく，やはり人にある．人にフォーカスしないとうまくいかない．人を基軸とした経営改革を進めていく必要性があるということだ．

　筆者自身，人事制度改革を主たるドメインとしたコンサルティング活動を行なっている．いま抱えている仕事の８割ぐらいは，さまざまな業種・業態の企業の人事制度改革だ．そのコンサルティングにおいては，たとえばその会社にとって何が重要かということで，いろいろな重要なポイントが出てくる．そもそも戦略がないのでそれをしっかり立てなければならないとか，戦略をつくっただけではダメだから，それをきちんと実行するためのプランをつくらなければならないとか，さまざまな議論がかわされ，中期経営計画などからブレークダウンされた年度計画が立案される．そうして次に，計画をきちんと実行していくためにどうするかという議論となり，人事の仕組みにたどり着くことになる．

　戦略や計画をどんなに見かけ上きれいにつくっても，それを具体的に実行する人たちが，きちんとそれらを理解し，実際に行動に移して成果を上げることがなければ企業は変わらない．新規事業を立ち上げるのもいいだろう．そのために向こう３年間の計画を描くことも大切だ．しかし，実際に描いた絵を具体化していく作業がともなわないと，文字どおりそれは画餅で終わってしまう．ところが世の中には，立派な戦略を立てることだけを繰り返しているような企業が結構多い．

　このような背景から，さまざまな改革に着手していろいろな施策を展開していくなかで，実行主体としての社員をどう動機づけていくかが多くの企業で問われるようになってきた．事実，最近では「モチベーション・マネジメント」という言葉もさかんに使われるようになっている．

ビジネスストーリー1　　Let's ESサーベイ1

日本の 90 年代は「失われた 10 年」と形容されるが，この 10 年の間に行きついたのがほかならぬ「人」の部分ということである．したがって企業としては，やはり人に対してなんらかの効果的な施策を打つなり，本当にその人材が問題意識をもって自分のミッションを認識し，確実に成果を上げていくという方向に仕向けていく必要性が出てくる．その原点に ES が存在しているのである．

ES は効果的な資源配分の戦略

　成功している企業は，人材が成功できる環境をきちんとつくりあげている．そこに経営資源をどうやって投入していくか．人，物，金，情報，知識といった企業の経営資源は有限である．その限られた資源を必要とされるところにいったいどのように効果的に傾斜配分していくか．そのような視点でみていくのが，社員満足度なのである．

　実際に ES 調査を実施すると，実にさまざまな意見が出てくる．しかしあれも大切，これも重要といろいろなところに経営資源を分散投入していたら，資源のムダ使いになってしまう．やはり出てきた調査結果から，どれが本当に重要なのかという視点で優先順位をつけていかなければならない．トータル的な ES，これを本書のなかでは「総合満足度」と位置づけているが，この総合満足度に効いてくる要因は何かを調査のなかから明らかにしていく必要がある．ここが一番効果的と思えるところから，一点突破で施策を打っていくというやり方がベストな選択になる．

　人事担当者のなかには現場を熟知し，自社の実情もよく認識している人が多い．すると，よけいにあれもこれもやらなければいけない，みんな大切だということで，収拾がつかなくなってくる．いろいろと考えて，考え抜いた結果，結局，何もできなくなるというケースが多い．限られた経営資源をどこにピンポイントで傾斜配分していくか．ES 施策では，その費用対効果を考慮していく必要がある．

2. 進展する雇用のニューディール

ESが重要になってきた理由のひとつに，雇用関係をめぐる変化もある．

市場を媒介とする新たな雇用

「雇用のニューディール」（新しい約束）への対応が必要だと指摘したのはピーター・キャペリだが（『雇用の未来』2001年，日本経済新聞出版），これは一言でいえば，市場原理を媒介とした契約関係が進展するということである．

実際，最近では，人材の市場価値だとか，社内価値よりも社外価値だとか，世の中で広く使える人材をつくっていこうという動きが顕著となってきている．自分が勤務している企業以外にも通用する能力という意味の「エンプロイヤビリティ」（employability）という言葉もだいぶ人口に膾炙し，社内の特定の部門や仕事，ルールのなかだけで通用する人材ではなく，もっと広く人材の価値を高めようという話がいろいろと出てきている．そのためにキャリア開発をどうするか，自律型の社員をどうつくるかといった取り組みが企業で行なわれている．

確かに日本の現状をみると，大企業に入社すれば一生安泰に送れるということはなくなり，学卒後，入社した会社で定年までずっと勤め上げるといった発想もだいぶ薄れてきている．一個人としても，自分の市場価値をどう高めていくかというところに問題意識をもたなければならない時代になってきた．会社側も，そういう人材を数多くつくっていくために，これまでのように，とりあえず会社の方針に従ってくれたら定年までそこそこの身分や待遇を保証するというような考え方はしなくなっている．会社と個人とは大人の関係なのだから，互いにWin-Winのいい関係でいこう．個人の考えを，あるいは個人がこれから形成しようとしているキャリアを会社側も積極的にサポートしようというスタンスに

ビジネスストーリー1　　Let's ESサーベイ1

変わってきている．一言でいえば，これまでのお互いがもたれ合ってきた関係を，ドライとまではいかないまでもクールな関係にしていこうというのが昨今の企業と社員，組織と個人の関係である．ESも，こうした変化を前提にして考えていかなければならなくなっている．

それは「依存」から「自立」へ，さらに「相互自律」へというパラダイムである．キーワードとなる「ジリツ」には2つの意味がある．まずは自分の足でしっかり立つという意味での自立，そしてその先へもう少しいくと，自分のことをよくわきまえて己を律してという意味での自律である．とりあえずは自分の足できちんと立つというところからはじまって，企業と個人が相互に自律的な関係になる．お互いに身のほどをよく知って，きちんと自分自身を律していくような関係でいこうという流れである．

相互信頼にもとづく組織風土

また最近は，企業と個人の関係については「ロイヤルティ」に代わって「コミットメント」という言葉がよく使われるようになってきた．ロイヤルティは日本語に訳すと「忠誠心」となるが，それではどうしても昔の武家社会の主君と家来の関係のような滅私奉公的なイメージを思い浮かべてしまう．コミットメントという言葉は，仕事に対する関与の度合いを強め，公約や契約を媒介として自分はどんな仕事をするかを社内に宣誓するということである．ここから一歩進んで，チャレンジ目標を「ターゲット」，必達目標を「コミットメント」といった形で使い分ける企業も増えてきている．

そのためにも，それぞれが自分のおかれた立場で自己のミッション，人事用語的にいうと「期待役割」と表現されたりもするが，そのミッションをきちんと自覚して成果を上げていくことが大切になる．なんの努力もなしにやっていると成果はまったく上がらないので，成果実現へ向けた執着心がポイントになる．目標管理制度などの成果を測定するツール

を導入し，自分のやるべきこと，すなわち一定期間のなかで達成すべき目標，上げるべき成果を明確にし，それを必ず成し遂げるという執着心を持ち続けることが特に重要になってくる．

それはまさに成果主義ということだが，成果主義というと，すぐ結果主義に陥る，個人主義に走るといったマイナスばかりが強調される．報酬に差をつけるのが成果主義だというように，そのあり方や定義自体を間違ってしまうと，成果が上がるどころかやる気が低下することにもなりかねないので，この点はくれぐれも留意すべきことである．

組織のなかの仕事では，基本的に成果を一人で上げられるものはそれほど多くない．実際には，チームや一定の組織単位で協力しながらやっていくものがほとんどである．一人ではなく，何人かのチームワークによって仕事をしていく場合には，お互いの信頼関係のもとで，それなりの意識や情をもって仕事に当たらなければ期待される成果は上がらない．したがって相互信頼を基軸とした組織風土をきちんとつくり，その上で本来的な意味での成果を実現していくスタンスが重要になる．

このあたりの認識が欠けてしまうと，成果主義が誤った方向に走ってしまうから注意が必要だ．結局，自分だけ数字が上がればそれでいい，目標に掲げた項目だけができていればそれでいいと考えてしまうような，安易な方向に流れる．それがまた，半期の賞与や年間を通じた自分の業績に反映されることになると，人間の悲しさから，やはり自分のことだけを考えてしまう．だからこそ，改めてお互い一緒に働いていく人たちの相互信頼についてもきちんと考え，あるべき組織風土を醸成していくことが大切なのである．

ESについても，社員のESに何が一番効いてくるかといった議論をすると，だれもが「たくさん報酬がもらえること」をいちばん最初に頭に思い浮かべるが，単純に給料を高くしたからといって，ESに対して持続的な好影響をもたらすとは限らない．そのことは，これまでのいろいろな企業でのES調査でもはっきりと実証されている．

実際に働く現場では，たとえば上司と自分との関係，同僚との関係，部下との関係など，一人ひとりのESに効く要因は，自分を取り巻く半径数メートル以内の人間関係に求められるところがある．恵まれた人間関係のなかで，自分がいまやっている仕事に意味を見出し，日々勉強したり新しい知識やスキルを身につけたりして，成長しているという実感がもてることがESにかなり効いてくるのである．

相互信頼や協調・協働関係が大切なことは，昔から繰り返しいわれてきたことだが，あえて成果主義時代のなかで，もう一度見直してみる必要がある．日本の企業では，これまで組織のなかに個人を封印しがちな傾向があった．法人格としての会社の顔はみえるものの，その会社で働く一人ひとりの個人の顔はなかなかみえてこなかった面があった．しかしいまは「組織のなかの個」から「個を活かす組織」という方向へのパラダイム転換が必要になっている．

3．戦略論も進化し，経営も変わる

さらに経営戦略論の観点からも，最近ではやはり人が重要ということになっている．人事担当者のなかには，あまり経営戦略の分野には馴染みのない人がいるかもしれない．しかし実は，人事担当者もこれからは素養としての経営戦略論や戦略的思考に関する知識をベースにしっかりもつべき時代がきている．

「経営人事の時代」の到来

人事は，いってみればこれまでは自部門のなかだけで自己完結的に存在するものだった．そのなかで与えられたミッションを粛々とこなせばよかった．人事部門に配属された新人がまず上司や先輩に諭されるのは，人事というのは縁の下の力持ちだからとか，黒子だからということで，あまり目立ってはいけない存在だった．前線でがんばっている営業や技術，SEといった社員を後方支援するのが人事の役割だからといわれ続

けてきたのである．しかし，現在の人事に対する要求は，かつてのような限定的な人事の領域だけではなく，経営の視点や戦略の視点から人事をどうみるかというところにきている．人事は企業戦略を支援し，推進していくという位置づけになってきている．「経営人事の時代」の到来といえるだろう．

　経営戦略論というのも，実際には70年代から80年代あたりで形成・確立されたものが多い．そして経営戦略論は，基本的には，環境や取り扱う市場に対する積極的な働きかけを重視して，そのなかでどのように自社の経営を展開していくかを考えるというのが本質である．企業はさまざまな状況に対応していく有機的な組織だとする「状況対応理論」（contingency theory）という考え方がある．これを一歩進めて，ただ単に対応するだけではなく，環境や取り扱う市場に働きかけて，積極的にそれを変えていこうという発想が経営戦略論のベースにはあった．

　戦略論でもっともポピュラーなのが，市場における自社のポジショニング（立ち位置）をテーマとするもので，ハーバード大学のマイケル・ポーター教授による競争戦略論がその最たるものである（『競争優位の戦略』1985年，ダイヤモンド社）．市場における競合環境のなかでどうやって自社の競争優位を維持していくか．ベストポジションをどう取っていくか，ファイブ・フォーシス（5要因）分析やバリューチェーン（価値連鎖）といったコンセプトはつとに有名である．

　最近では，「資源ベースの競争」といわれている．リソース・ベースト・ビュー（内部資源にもとづく視点）である．この視点に立てば，企業の持続的な競争優位を確立するためには，他社との比較において自社が優位な状況に立てるのは必ずしも外部環境のなかでの自社の位置関係を変えていくだけではなく，むしろ内部にそのポイントがある．内部資源にもいろいろある．90年代前半にさかんに議論されたのが，企業の中核能力と定義されるコア・コンピタンス（core competence）であり，2000年以降は，高業績者の行動特性・思考特性に着目するコンピテン

ビジネスストーリー1　　Let's ESサーベイ1

シー（competency）だった．つまりは組織の能力や個人の能力に焦点が当てられはじめたということである．

結局は「人」の実行力

組織として何をすべきかという話になると，やはり人の話が中心になる．ここで知識資本なども着目され，ナレッジ・マネジメントのような話も出てくるが，資源ベースの競争のなかで真に企業の競争優位を確立していくため，結局は人の部分にフォーカスされるようになってきた．

こうして最後は，その人がどうやって実行していくかというマネジメントに関する議論に移る．そんなところから，「実行マネジメント」の重要性が語られるようになり，ラリー・ボシディほか著『経営は「実行」』（2003年，日本経済新聞出版）やジェフリー・フェファーほか著『実行力不全』（2005年，ランダムハウス講談社）などが一時期話題となった．経営とは本当に実行されるかどうかの真価が問われるもの．当然のことながら，実行主体は一人ひとりの社員だから，本当に社員にやる気をもたせ，実行させて，成果を出せる状況をどう実現するかがポイントとなってくる．

4．経営者も認める ES の重要性

高まる ES アプローチの大切さ

以上のような流れからいっても，社員満足度はとても重要なテーマである．ES を的確に把握し，効果的な施策を探ることは，企業価値の最大化にとっても重要なプロセスとなる．ここでいう企業価値の最大化とは，単純に株主価値の最大化だけを指すものではない．企業価値とは株主価値であり，顧客価値であり，社員価値でもある．そのような意味合いで企業価値を考え，最終的に財務的成果に結びつけていくことが大切である．ES 調査のアプローチも，最終的にはその会社の価値創造に資

図表1-6●ES把握の重要性

◆ESを的確に把握し，効果的な施策を探ることは，企業価値の最大化にとっても重要なプロセスになる
◆ES向上は，社員のモチベーションや生産性および業績の向上につながる
◆社長が経営上重視する指標としてもESは高位置にある

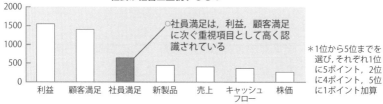

社長が経営上重視するもの

○社員満足は，利益，顧客満足に次ぐ重視項目として高く認識されている

＊1位から5位までを選び，それぞれ1位に5ポイント，2位に4ポイント，5位に1ポイント加算

資料：社会経済生産性本部「経営革新に関するアンケート」2001年

する調査という視点が重要だ．ESの向上は，社員のモチベーションや生産性，業績の向上につながるものなのである．

　そして社員満足度に配慮する企業が近年，日本でも増えていることは「はじめに」でも述べたが，そのことは調査でも明らかである．たとえば社会経済生産性本部（現・日本生産性本部）が2001年に実施した「経営革新に関するアンケート」では，社長が経営上重視する項目の3番目に「社員満足」があげられている（図表1-6）．

　心ある経営トップは，ESの重要性をきちんと理解している．近年，確かに人事関連の話のなかで，「うちの社員は本当にやる気をもって仕事に取り組んでいるのだろうか」と，そのあたりのことを認識されている経営トップが多くなっている．社長が経営上重視する指標のなかでも，ESはやはり高い位置を占めているのである．

社員への提供価値を重視する

　社員を顧客と見立ててその関係性を重視する考え方は「インターナル・マーケティング」（internal marketing）という概念で以前から広く知られていた．最近では，「社員関係性管理」（ERM；Employee Relationship Management）という言葉も用いられるようになっている．

ビジネスストーリー1　　Let's ESサーベイ1

雇用環境は，少子化に加え社員の価値観も多様化し，人材の流動性も高まる方向にある．実際にこれからの企業は，優秀な人材を惹きつけるだけの魅力の創出に腐心しなければならなくなる．これは近年，EVP（Employee Value Proposition）とも表現されているものである．つまり社員がその企業で働くことの意義を見出せるような独自の提供価値のこと，あるいは社員に対する訴求価値のことだ．

　その中身には，仕事に対する本質的な満足度や職場環境，組織風土，リーダーの存在，能力開発の機会，報酬レベルなど，実にさまざまな要素が含まれる．強力なEVPがあれば社員は，会社に貢献すべく，日々自分の仕事に熱意とやる気をもって取り組む．だから企業は，大多数の社員の夢や希望，期待，ニーズなどを定期的に把握して，それに応える努力をすることが求められる．ここに定期的・継続的なES把握の必要性がある．

5．ESを構成する要因とは？

　それではESはどのように捉えればよいのだろうか．ここでESの基本的な構造と考え方についてみておこう．

いまの満足度はどれくらい？

　ビジネスストーリーのなかでも若干触れられていたが，社員満足度は図表1-7に示すような要因から構成される．これは有名なフレデリック・ハーズバーグの「動機づけ衛生理論」（二要因理論）に依拠する考え方である．

　「満足度」を考える場合，まずそれが計測可能かどうかから出発すべきなのかもしれない．なぜなら満足しているか否かは，個人個人のきわめて感覚的な問題であり，それを数値化するのは一見，むずかしそうな気がするからである．ES調査の場合には，この個人個人の心の状態，つまり心理的尺度を一定の数値尺度に置き換える作業で行なう．一人ひ

とりの心の思いをたとえば「非常に満足」から「非常に不満」までの5段階とか7段階とかで捉え（これを「リッカート尺度」という），満足レベルがどの段階にあるかを確認することで調査結果に意味を与える．

　そしてES調査を実施する場合には，まずトータルな満足度のレベルを確認するところからスタートする．これを「総合満足度」と呼んでいる．具体的な設問では，調査票のいちばん最初で「あなたはいま，総合的にみてどの程度満足していますか？」という問いかけを行なう．ES調査では，これがいわゆる総合満足度の代表指標となり，組織や個人がどの程度満足しているかをみる場合には，この代表指標である総合満足度のスコアに着目することになる．

満足度を構成する2要因

　それではこの満足度（総合満足度）とは，どんな要素から構成されるのか．筆者が実際に実施しているES調査のなかでは，満足度を構成する要因を大きく「動機づけ要因」（motivators）と「衛生要因」（hygiene factors）からなるものと位置づけている．動機づけ要因は仕事や処遇などの満足度を強化する要因，衛生要因は会社方針や労働条件などの不満足を強化する要因である．

　動機づけ要因は，動機づけられる部分になんらかの刺激を与えると，非常にやりがいをもって仕事をするようになる．一方，衛生要因は，基本的にはあってあたり前のものである．たとえば図表1-7では，衛生要因を構成するものとして，報酬水準や福利厚生・労働条件，組織風土や対人関係，業務支援などのインフラ整備などがあげられている．このようなものがまったくないという会社はあまりない．基本的には，どこの企業でもそこそこの報酬水準は与えられているし，福利厚生や労働条件も最低限必要とされるレベルは整備されている．組織風土は企業によってさまざまだが，「うちの会社はだいたいこんな会社」というように，ベースとしてイメージできる組織風土はどこの会社にもある．対人関係につ

図表1-7●満足度を構成する要因

◆社員満足度は一般的に動機づけ要因・衛生要因からなる

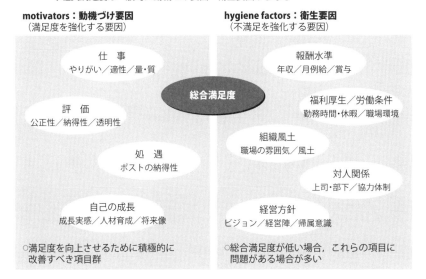

いても，上司と部下，職場の同僚との協力体制のように，仕事をしていると自ずとでき上がってくる．経営方針についても，経営者が自分の会社の方針やビジョン，進むべき方向性などを語っている場合が多いはずである．つまり衛生要因は，別の表現を使えば「基本要因」という言い方もできるもので，まず基本としてその会社や組織に存在しているものを指す.

　衛生要因はあってあたり前のものだが，これが低下した場合は要注意である．たとえば報酬水準が低下すると，満足度にかなり響いてくる．また福利厚生や労働条件が改悪されれば，やはり満足度を引き下げる．組織風土も同じで，「最近，うちの会社は雰囲気が変だ」と思う社員が増えれば満足度に響いてくる．つまり衛生要因にあげられるものは，どちらかというとあってあたり前で普段はだれもあまり気づかないが，それらがなんらかの事情で低下したり悪化したりすると，満足度に敏感に反応し，これを大幅に引き下げるので注意が必要だといえる.

一方の動機づけ要因には，もう少し積極的な意味がある．仕事や評価，処遇，自己の成長に関連する要因は，単に存在していればそれでいいというものではない．仕事に対するやりがいや適性，仕事の質と量，評価に対する公正性や納得性，評価プロセスの透明性，現在の自分のポストに対する納得感，昇進や昇格の仕組みの妥当性，仕事を通じた自己の成長実感等々，それを刺激すれば満足度を引き上げることに寄与してくる．したがって総合満足度を向上させるためには，この動機づけ要因を刺激し，積極的な改善をはかる必要が出てくる．

満足度に影響する要因を探る

　実際の調査票の設計にあたっては，これらの要因を ES 調査の質問項目のなかにさまざまな形でちりばめる．満足度の構成要素をよく念頭におきながら，満足度を測定するための仮説を立てることになる．つまりどこに問題があるかをあらかじめ想定し，それを質問項目に反映させるのである．統計的には目的変数（Y）としての総合満足度を構成する要因＝説明変数（X）が何かを突き止めるという作業になる．この場合，ES 調査票自体は，この目的変数の中身を明らかにしていくための仮説検証ツールの位置づけとなる．

　分析にあたっては，満足度の量的な把握や比較だけでなく，統計的手法を使ってより重要な課題の優先順位づけを実施する．たとえば**図表1-8**のように，総合満足度を構成する要因として X1 から X9 までをあげ，それぞれを明らかにする質問項目を考える．たとえば「あなたは上司との関係に満足していますか？」「部下との関係はどうですか？」「社内に尊敬できる人がいますか？」などがそれである．

　これに対して，たとえば「そう思う」「まあそう思う」「あまりそう思わない」「そう思わない」の4段階で聞いてみる．何を明らかにするかというところから出発して，徐々に質問項目が出てくるので，こういう関係性をきちんと理解したうえで調査票を作成していくことが重要にな

図表1-8●満足度の構成要因を念頭におく

◆目的変数としての総合満足度を構成する要因（説明変数）が何かを念頭においた調査票の設計を実施する
◆この場合，ES調査票自体は目的変数の中身を明らかにしていくための「仮説検証ツール」の位置づけとなる

職場の人間関係満足度の構成要因（例）

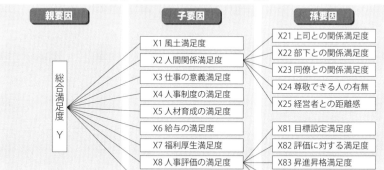

る.

　実際には，重回帰分析などの手法を用いて，たとえば個別項目の満足度の高低を縦軸に，総合満足度への影響度を横軸にとって，満足度が低くかつ総合満足度への影響度が高い項目は何かなどを突き止めていく．このようなプロセスのなかから，満足度を高めるための施策がみえてくるのである．このあたりの詳細は第3章で改めて解説を加える．

ビジネス
ストーリー

Let's ES
サーベイ

2章

ビジネスストーリー2
ESとCSの関係を学ぶ

「きょうは，ちょっと目先を変えて，企業業績というものをどうとらえるべきかというお話からはじめたいと思います．少し長い説明になりますが，ぜひ聞いてください」

　6月最初の定例ミーティングは，週末の伊豆において1泊2日の合宿形式で行なわれた．ミーティングルームの正面スクリーンには，パワーポイントで作成されたスライドが映し出されている．プロジェクトの進捗状況も，ちょうど調査票の原案がまとまりつつあるタイミングにきていた．その席上，三咲は開口一番，こういった．

「遅行指標」と「先行指標」

「われわれは売上や利益，キャッシュフローなどの経営数字は，企業活動の結果に対する遅行指標だととらえています．要するに，決算書などに出てくる財務の数字は，それが判明した段階ではすでに過去のデータなのですね．財務のデータは，これからどうなるというところについては教えてくれない．これでは不十分です」

「確かにそのとおりですね」

　ホールディングスの宇野部長が相槌を打った．三咲は続けた．

「一方，CS，顧客満足度の重要性がよくいわれますが，顧客満足度は顧客ニーズの重要な変化をいち早くとらえる先行指標の位置づけですから，顧客の動きをプロアクティブに，つまりちょっと先行してみられる指標ということになります．CSの動きを定期的につかんでいくと，これから先のお客様の動きを先行してとらえることができる．

企業は，継続的に存続していかなければならない組織体です．これを
ゴーイングコンサーン，事業永続といいますが，そういう位置づけで企
業は存在しているのが前提なので，企業の存立を未来に向けて続けてい
くためにも，重要な変化に対してはなんらかの手段でそれを敏感に察知
して，速やかに対応していくことが重要となる．そんなところから，顧
客満足度や CS 経営ということが随分いわれるようになってきたわけで
す」
「確か 90 年代の半ばには，日本経営品質賞の審査基準にも CS が採用
されたりして，CS 経営は一時期ブームにもなりましたね」
　自分の記憶を確かめるように，宇野部長がいった．
「でも，CS を向上させるためにさらに重要なのは，顧客接点の最前線
にいる現場スタッフの ES を高めることだといわれているわけです．CS
は確かに企業業績に対する先行指標．でも，その CS の動きに先んじて
ES をとらえていくことが，結局はその企業の将来的な業績につながっ
ていく」
　この理由は結構，単純で，要するに顧客がその企業の店頭にやってき
て何か商品やサービスを購入したいときに，出てきた社員がみるからに
暗かったり，やる気がなかったりすれば，そんな対応しかできない社員
から商品やサービスを購入したいと考える顧客が，いったいどれくらい
いるかということである．みんながいきいきと働いて，応接もうまく，
顧客を唸らせるような社員がたくさんいれば，顧客はその会社の商品や
サービスの提供を受けようと考えるということである．
「だから ES を高めていくためには，常にお客様と接している最前線で
働く社員たちの ES のあり方が重要だということなんです」
「うちもテーマパークやアミューズメント施設といった顧客接点の場を
もっているから，そこで働く社員などはまさにそのケースですね」と，
トリトン社の須藤部長が口をはさんだ．
「ES × CS ＝株主利益という公式がありますよね．つまり株主利益は顧

客満足度と社員満足度との掛け算で決まると」

　ガイア社の小比類巻部長も，だいぶ理解が深まったという顔つきに変わっていた．

業績向上のための「未来戦略」

　三咲は，さらに続けた．

「だからわれわれは，CS と ES は企業業績向上のための未来戦略だと位置づけているのです．このスライドは CS・ES と企業業績との関係をイメージしたものですが，この図が示しているのは，業績の改善に先行して CS・ES が向上するということです（図表2‐1）」

　その場にいたメンバーは，プロジェクターに映し出されるグラフを注視した．三咲はグラフを指しながらいった．

「たとえば，それまでは下降気味で低迷していて，ある時期（t 期）から売上がぐんと伸びてきた企業があったとします．そして ES や CS というものを定点観測的にとらえていたとする．すると，先ほどの話のように，ES や CS を定期的に測定してみると，おそらく CS がどこかの時点で先行的に上がっていて，それよりも先に ES が上昇気運に乗っている現象が必ずどこかで観察されるはずなのです．これは，弊社でのこれまでの調査結果などからも，すでに実証されています．最初に ES が上がる．それに連動して CS が上がる．またそれにつられて業績が上がる．こういう関係ですね．そこには多少のタイムラグがありますが，何が一番重要かというと，もちろん ES を上げることなんです」

　当然のことながら，CS は ES 以外の要因で上がることもあるため，ES を高めることが CS の向上に 100％確実につながるとは言い切れない．しかし CS を上げる前段として，まず ES を上げるための施策を打つことがとても重要になる．

「実際に，向こう数年間の CS・ES のデータを突き合わせて，会社の業績と比較してみると，ここでご説明したことが実証できるケースが結構あります．だから，本当に会社の業績を上げたいのであれば，ES や CS

図表2-1●CS・ESと業績との関係イメージ

◆CS・ESは企業業績向上のための「未来戦略」
◆業績の改善に先行してCS・ESが向上（CS・ESの低下は業績悪化への黄信号）

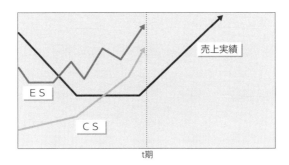

という観点は必須だということです．逆の見方をすれば最近，ESやCSが低下傾向にあるが，会社業績にはまだ影響が出ていないという場合には，近い将来，かなりの確率で業績が悪化していくととらえるべきです．赤信号とまではいわなくとも，黄信号だととらえたほうがいい．だからちょっとESが落ちてきたという段階で，なんらかのES向上策を打ったほうが会社業績を維持・向上させるためにはいい．このような視点が重要になります」

三咲は続けた．

「ESとCSの連関構造イメージをもうひとつの図で示したのがこれになります（図表2-2）．ES調査の実施は，個別具体的な人事施策への反映だけを目的とするのではなく，このような全社経営の枠組みのなかでとらえる視点が重要なのです．おわかりになりましたか？」

ガイア社の菊田課長が質問してきた．

「ESの視点とCSの視点とは，立場を変えると，人事部門と経営企画やマーケティング部門との関係ともいえるんじゃありませんか」

「そうですね．いろいろな会社をみていると，CS調査やES調査は，社内で別個に実施されていることが多いんですね．そのつながりがない．だから，そういうときは，CSとESで出てきた結果のデータのつき合

図表2-2●ESとCSとの連関構造

◆ES調査は，個別具体的な人事施策への反映だけを目的とするのではなく，全社経営の枠組みのなかで捉える視点が重要

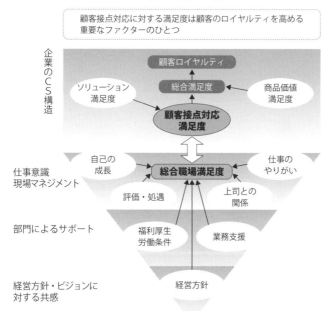

顧客接点対応に対する満足度は顧客のロイヤルティを高める重要なファクターのひとつ

企業のCS構造

顧客ロイヤルティ

ソリューション満足度　総合満足度　商品価値満足度

顧客接点対応満足度

仕事意識　現場マネジメント

自己の成長　総合職場満足度　仕事のやりがい

評価・処遇　上司との関係

部門によるサポート

福利厚生労働条件　業務支援

経営方針・ビジョンに対する共感　経営方針

わせをしませんか，そこから新たな施策をつくっていきませんかとよく申し上げるんです．トータル的に会社の戦略としてCS・ES向上のための戦略を考えていくということですね」

特に大企業になると，機能分化された縦割り組織で調査が実施されることが多くなる．そんな場合には，人事部門はESだけに目がいきがちになる．うちの社員のやる気を高めるにはどうするかとか，社員にいきいき働いてもらうための職場づくりはどうしたらいいかといった点だけに目がいきがちである．実は，そこから先が重要で，それでは社員にやる気をもって働いてもらうことが，会社や経営にどんなインパクトをもたらすのかという視点が必要になる．そういう視点が欠落してしまうと，あまり深みのないES調査になってしまう．

ビジネスストーリー2　Let's ESサーベイ2

「CS・ES経営の推進を会社の大方針として掲げるなら，ESとCSの調査結果をつき合わせて，ESの向上がCSの向上につながるような施策を考えていくべきだと思っています．ES調査は，個別具体的な人事施策への反映だけを目的とするのではなく，全社経営の枠組みのなかでとらえる視点が重要だということです」

　三咲は，そう締めくくった．

「サティスファクション・ミラー」

「次に，顧客と社員の「サティスファクション・ミラー」という考え方について説明します．サティスファクション・ミラー，つまり満足度の鏡ですね．このスライドでもわかるように，CSとESは表裏一体の関係にありますから，そんな発想から出てきた考え方だととらえれば，理解しやすいかもしれません（図表2-3）．

　顧客の満足が社員の満足に鏡面（ミラー）効果をもたらして，それがさらに顧客の満足を高めていく好循環をもたらす．そんな観点からも，やはりCS・ESの相互連関性というものを考えていかないといけません．これは『カスタマー・ロイヤルティの経営』（ジェームス・L・ヘスケッ

図表2-3●顧客と社員の「サティスファクション・ミラー」

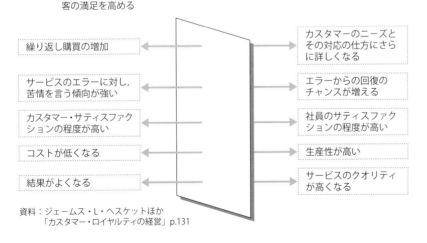

◆顧客の満足が社員の満足に鏡面（ミラー）効果をもたらし，それがさらに顧客の満足を高める

繰り返し購買の増加	カスタマーのニーズとその対応の仕方にさらに詳しくなる
サービスのエラーに対し，苦情を言う傾向が強い	エラーからの回復のチャンスが増える
カスタマー・サティスファクションの程度が高い	社員のサティスファクションの程度が高い
コストが低くなる	生産性が高い
結果がよくなる	サービスのクオリティが高くなる

資料：ジェームス・L・ヘスケットほか
　　　「カスタマー・ロイヤルティの経営」p.131

トほか著，1998 年，日本経済新聞出版）という本に出てくる考え方です．繰り返し購買があれば，顧客のニーズとその対応の仕方について，さらに社員も詳しくなってきて，いろいろと仕事のやり方を工夫します．サービスのエラーに対して苦情をいう傾向が非常に強ければ，そのエラーからの回復のチャンスも増えてくる．要するに，エラーを起こさないようにと注意するようになる．よく顧客の声に耳を傾けてとか，それをうまく仕事に活かしてという話がありますが，ではどう仕事に活かしていくか，どう創意工夫をして自分の仕事のやり方を高めていくかというところで，ES に効いてくるファクターもあるということです」

バランス・スコアカードと ES

「もうひとつ重要な考え方があります．株主価値を高めるためにも，そのベースはやはり社員価値にあると思うのですが，そう考える理論的な根拠が，実は BSC，つまりバランス・スコアカードにあります．バランス・スコアカードというのはみなさんご存じですか？」

「まあ，ひととおり概念的には…」と，宇野部長が答えた．

「最近は，日本の企業でも結構，人事評価の業績評価において取り入れられるようになっています．もともとバランス・スコアカードは，組織業績を測定するためのツール，つまり部門や事業部などのパフォーマンスを測定するためのツールだったんですね．概念的には，こちらのスライドにあるように，基本的に 4 つの視点があります（図表 2-4）．これもご承知の方が多いと思いますが，4 つの視点とは，財務の視点，顧客の視点，業務プロセスの視点，学習と成長の視点です．企業のトータルな業績をとらえるうえでは，このような 4 つの視点が特に重要になるということです．

最近は，財務の視点だけではちょっと足りないという認識がかなりもたれるようになりました．先ほども申し上げましたが，財務データはいわゆる遅行指標なので，その前の段階での指標が重視される．それが顧客の視点ですが，顧客満足を高めていくためには，本当に顧客が望むも

ビジネスストーリー2　　Let's ESサーベイ2

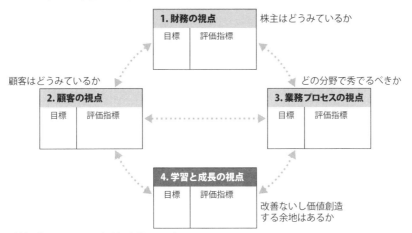

資料：「DIAMONDハーバード・ビジネス・レビュー」
2003年8月号p.48に加筆

のをきちんと提供できているかどうかが大切です．これが社内の業務プ
ロセスの視点となります．つまりそこで，とても革新的な商品が開発さ
れているとか，何か仕事のやり方で革新的な工夫がなされていることが，
顧客に対する提供価値を高めていく．

　しかし，もっと重要なことは，そのような社内のプロセスに配慮でき
るような組織が体を成しているのかどうか．そのなかで働く社員が本当
にやる気をもって仕事をしているのかどうかです．本当に日々，継続的
な学習が繰り返されるような働き方ができているかどうかがとても大切
なのです．つまりバランス・スコアカード的な視点でみると，その企業
の現在の活動から将来に向けた活動，将来的な財務的成果が一連の連鎖
のなかで把握できます．こうした観点から，バランス・スコアカードは
非常に重宝な仕組みとして，最近いろいろな企業で取り入れられている
わけです」

　確かに一時期，民間企業に限らず，公務員制度改革や特殊法人改革に

ともなう独立行政法人への移行など，行政改革の流れもバランス・スコアカードの導入・普及を後押しする格好になっていた．特に独立行政法人の場合，主務官庁による評価や第三者評価が義務づけられており，組織業績評価の仕組みの導入は必須で，その検討の過程で，バランス・スコアカード的なアプローチで業績評価の仕組みを導入するところが増えていた．行政組織や非営利組織においても，このような仕組みが役立つ状況になってきていることを考えれば，これが非常に汎用性の高い業績評価の仕組みであることがわかる．バランス・スコアカードは，いまやスタンダードなマネジメント・システムとなってきている．

「先ほど申し上げたように，このバランス・スコアカードを管理職の業績評価に採用する企業も増えています．管理職クラスは，直接的に自分が担当する組織の業績に責任をもちますから，その組織の業績評価は，自分自身の評価にダイレクトに反映させるべきものとなるのです．

こちらのスライドは，弊社で実際にコンサルティングしたあるクライアント企業の業績評価表のイメージです（図表2-5）．単に結果業績のところだけをみると，成果主義の悪しき方向に走ってしまったりするの

図表 2-5●管理職の「業績評価表」イメージ

◆実際に管理職クラスの評価に BSC 的視点を加味する企業も増えている

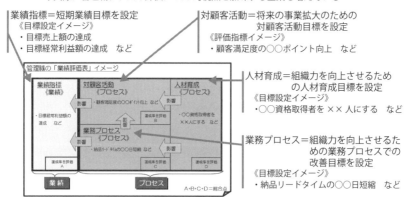

業績指標＝短期業績目標を設定
《目標設定イメージ》
・目標売上額の達成
・目標経常利益額の達成　など

対顧客活動＝将来の事業拡大のための
対顧客活動目標を設定
《評価指標イメージ》
・顧客満足度の○○ポイント向上　など

人材育成＝組織力を向上させるため
の人材育成目標を設定
《目標設定イメージ》
・○○資格取得者を××人にする　など

業務プロセス＝組織力を向上させるため
の業務プロセスでの
改善目標を設定
《目標設定イメージ》
・納品リードタイムの○○日短縮　など

事業拡大の取り組み・組織力向上の取り組みを業績評価表に内包することにより，
業績目標達成の再現性を高める

ビジネスストーリー 2　　　Let's ES サーベイ 2

で，プロセス重視がいわれるようになりました．そのプロセスの構成要素として，バランス・スコアカード的な視点を入れて，人材育成の視点，業務プロセスの視点，顧客の視点を加味したのです．

　この人材育成の視点のところに ES のスコアを入れる．自分の担当組織に属する部下の ES は，上司の評価ということで活用していくのです．対外的には顧客の視点に CS のスコアを加味し，CS・ES の視点を実際に管理職クラスの業績評価の 1 要素として組み込むような評価体系をつくっている企業も本当に多くなってきています」

ES は戦略マップの起点

　三咲は説明を続けた．
「次は，社員満足や社員価値というものが，実はいちばん重要という話をしていきたいと思います．ここまで話してきたように，バランス・スコアカードの 4 つの視点というのが非常に重要になってきています．そのなかでもいちばん大切なのは「学習と成長」の視点，つまり社員の視点だと私は考えています．この 4 つの視点の関係を整理するためにつくられるのが戦略マップと呼ばれるものです（図表 2- 6）．戦略マップは，このスライドにもあるように 4 つの視点をそれぞれの相互関連性をよく考えて，4 つの階層構造のなかで最終的に財務の視点，ここでは一応，株主価値の改善となっていますが，そこに結びついていくプロセスをひとつの絵で整理しているものです．

　財務の視点がいちばん上にきていますが，やはり会社ですから，最終的には財務的な成果を上げていく．収益を拡大して生産性を上げて，株主価値を上げていくことが最終ゴールですが，その前段として顧客の視点をどうみていくか．それからその前段として業務プロセスをどうみていくのか．さらにその前段として学習と成長の視点，つまりは社員に対してはどんなところをみていくかがベースになってきます」

「ここで注目していただきたいのが…」と，三咲は戦略マップの図の左下を指した．

図表 2-6●バランス・スコアカードにおける戦略マップ

◆株主価値も社員価値がその起点にある

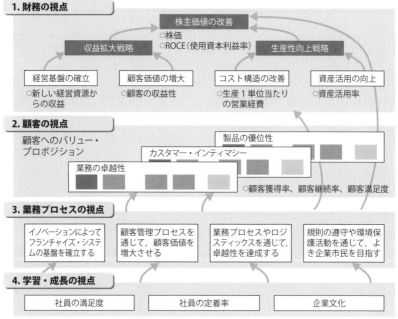

資料:「DIAMOND ハーバード・ビジネス・レビュー」2001 年 2 月号 p.31 に加筆

「社員の満足度というのがいちばん下の左端に出ていますが，これがその上の業務プロセスの視点，さらに顧客の視点，そしてさらに財務的な成果とつながっています．つまり戦略マップの起点に ES があるのです．株主価値の経営を標榜することは，それ自体けっして間違いではないですが，だからといって社員の価値，社員の視点をおろそかにしてしまっては，最終的なゴールとしての株主価値の創造とか株主満足の向上にはつながっていかないのだと申し上げたいのです．だから株主価値経営を推進していく前提として，社員価値経営を実践していくことがその出発点として重要になる．そこにフォーカスしたやり方を考えていくことが，ES 経営の推進にはとても大切なのです」

・・・・・・・・・・・・

図表 2-7●総合満足度に効く要因例

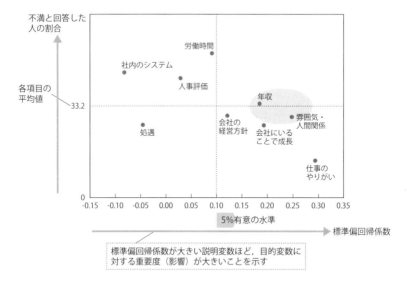

◆報酬だけが ES 向上策ではない

ここまでずっと立ったまま説明してきた三咲は，さすがに疲れたので椅子に座り，テーブルのミネラル・ウォーターをひと口，含んだ．

「さて，次のスライドはご参考までに入れています（図表2-7）．これに関連する説明は，次回の定例ミーティングの際に詳しくさせていただく予定ですが，これは，総合満足度への影響度分析の結果をプロット図にまとめたひとつの事例です．図の見方ですが，これは横軸に総合満足度への影響度をとり，個別の満足度要因が右にいけばいくほどトータルESへの影響度が高いことを示しています．縦軸に不満と答えた人の割合を示していますが，上にいけばいくほど不満が高くなる．逆にいえば，下にいくほど満足度が高くなります．

このスライドのメッセージは，「報酬だけが ES 向上策ではない」ということですが，たとえばこのスライドの真ん中から，右のほうをみていただくと「年収」というのが真ん中あたりに出てきます．年収も確かに総合満足度に影響を与える要因ということでは結構，高い位置にあり

ESとCS の関係を学ぶ　　　　　　　　　　　　　　　　　　77

ます．しかしそれ以外の要因を確認してみると，たとえばその下あたり
に「会社にいることで成長」という項目が年収よりも少し下のほうに出
ています．それからもっと右下をみると，「仕事のやりがい」というの
があることが確認できます．

　要するに，総合満足度を上げていくためには，年収も確かに重要なの
ですが，それ以上に，自分がその会社にいることで成長しているという
実感がもてることや，仕事のやりがいが高いということが ES にとって
は重要なのです．だから，ES を向上させていくことは，高い給料を払っ
て仕事をさせればそれでいいというような，単純な話ではない．社員満
足を重視し，それを志向する経営を推進していくには，札束で釣るので
はなくて，やはり良好な職場環境をきちんと整備し，本人の仕事に対す
るやりがいをもたせ，その会社に自分がいることで成長実感をもてるよ
うな，そんな方向に仕向けていく施策が大切なのです」

サービス・プロフィットチェーンと ES

「最後は，サービス・プロフィットチェーンという考え方についてご説
明したいと思います．これが最後ですから，ちょっとがまんして聞いて
くださいね」

　ES の概念的な話が続いたため，少し疲れたといった表情がみえる改
革メンバーを察して，三咲は笑みを浮かべながら話した．

「次のスライドをみていただきたいのですが，これも比較的バランス・
スコアカードと考え方的には似ています（図表2-8）．要は，それぞれ
の流れをみていくと，社員の満足が社員の定着や生産性向上などにつな
がり，顧客満足とロイヤルティの向上につながり，収益が向上して株価
が上がり，ステークホルダーが満足していくという良循環構造が形成さ
れているような絵になっています．

　資本が増大すれば企業が成長する．企業が成長すればインフラ投資が
できますから，企業の魅力度も増して選ばれる雇用主となり，それがま
た社員の満足度に寄与する．このような一連の連鎖構造になっているの

図表2-8●サービス・プロフィットチェーンの構図

◆サービス・プロフィットチェーンのなかでの ES の位置づけを認識する

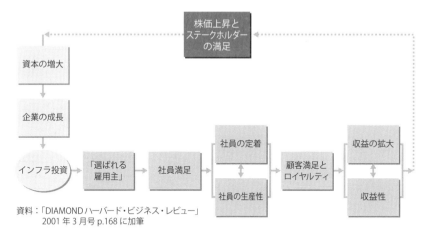

資料：「DIAMONDハーバード・ビジネス・レビュー」
2001 年 3 月号 p.168 に加筆

で，サービス・プロフィットチェーンと呼ばれるのですね．これも考え
方はバランス・スコアカードと一緒で，社員満足度がそこにとどまらず，
顧客満足につながり，会社の株価や業績に，そしてステークホルダーの
満足度につながって，グッドサイクルで回ることで企業は成長していく．
その関係を簡単に理解してもらうためには，このような考え方はとても
有意義だと私は考えています．

　アポロ・コンサルティングでも，ES 調査のコンセプトの基本に，こ
こで説明したサービス・プロフィットチェーン的な考え方を取り入れて
います．このスライドも，先ほどみていただいたもののひとつの変形バー
ジョンです（図表2‐9）．やはり ES を起点とするものですから，まず社
員満足度やモチベーションの向上があって，顧客サービスの質の向上，
それから顧客満足度・ロイヤルティの向上，売上・利益の増大，社内サー
ビスの質の向上につながっていく．弊社の ES 調査も，このプロフィッ
トチェーンの発想にもとづき，社員価値をベースに，企業価値の最大化
に資するということを考えた ES を実践しているとご理解ください」

　長々と話したので，少し間をおいてから，三咲はいった．

図表 2-9●ES と企業価値

◆社員満足の向上は企業価値の増大化・最大化につながる

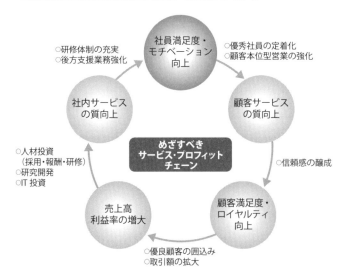

「さて，いろいろとご説明しましたが，申し上げたいポイントはご理解いただけたと思います．このあたりの相互関係を少し頭のなかで整理していただければと思います」

　それまで，じっと話を聞いていたガイア社の小比類巻部長が，にっこり笑って口を開いた．

「やっぱり少し疲れましたね．このあたりで休憩にしましょう」

　その言葉に，みんな一様に安堵の表情を浮かべた．

ビジネスストーリー2　　　Let's ESサーベイ2

ES調査を実施する
事前準備から調査票の回収まで

　ビジネスストーリーのなかでも ES 調査の準備は着々と進められてきている．ここでは，ES 調査を実施していくステップについて具体的に解説しておこう．

1．ES 調査の基本ステップ

調査実施における具体的手順

　ES 調査を実施するにあたっては，おおよそ次のような 6 つのステップが必要になる．まずはこの流れを理解していただきたい．ES 調査の実務的な手順を知りたい読者は，本章以下をよく読んでいただくことをおすすめしたい．

　【Step.1】事前準備の検討
　【Step.2】仮説の設定と調査票の設計
　【Step.3】調査の実施と回収
　【Step.4】集計結果の分析
　【Step.5】集計結果のフィードバック
　【Step.6】分析結果の活用

　本章では，このうち Step.1 の事前準備から Step.3 の調査の実施と回収までについて解説を行なう．Step.4 の集計結果の分析については次章（第 3 章）で詳しく取り上げる．これにはやや専門的な統計解析の手法の理解が必要となる．Step.5 の結果のフィードバックと Step.6 の分析

結果の活用については最終章（第6章）で解説を行なう.

2. 必要となる事前準備

第1章のビジネスストーリーのなかでも，志渡シニアエキスパートが経営改革チームメンバーに丁寧に説明する場面が出てきたが，ES調査の実施にあたっては，まず最初に次にあげるような事項を検討しておく必要がある.

❶調査目的の明確化

最初に，なんのためにES調査を実施するのか，たとえば次のような目的を明らかにしておく.

- ・いま社員のやる気に沈滞ムードが漂っているのはなぜか
- ・新しい人事制度を導入して何年か経つが，社員はどのように受け止めているか
- ・優秀な人材，コア人材の定着化をはかるにはどうすればいいか
- ・風通しのよい，活力あふれる職場風土はどうつくればいいか
- ・新たな人事施策を展開するうえで，社員がもっとも求めているものは何か

❷調査対象者の選定

だれを対象とするのかを決める. 全社員を対象とするのか，管理職などの特定階層のみを対象とするのか，社員を無作為に抽出するのか. 正社員だけか，契約社員などの雇用形態の人も含めて調査対象とするのか. 役員は除くのか，社員との意識ギャップを把握する意味からも含めるのか. 調査対象者をだれにするのか，どのあたりを対象としていくのかは，とても大切である.

❸調査スケジュールの決定

実際に調査を実施する期間を「実査期間」というが，この決定にあたっては，不公平が生じないよう各部門の仕事の繁閑に配慮することも必要になる. 「こんなに忙しいのに，アンケートなどに答えている時間はな

ビジネスストーリー2　　Let's ESサーベイ2

い！」といった反発や苦情が出ないよう，タイミングを見計らうことが求められる．もちろんそうはいっても，報告期限が確定している場合には，その締切から遡って実査期間を定めることが必要になる．たとえば年内に経営トップや役員会への報告が義務づけられているような場合には，そこから逆算して開始の時期を決め，スケジュール化する．

❹調査方法の検討

匿名調査とするのか，実名調査とするのか．配布・回収は，調査票を直接対象者へ配布するのか，Web を利用するのか．実際の調査の際には，社内スタッフだけでやるのか，外注するのかなどを決める．外注する場合には，どのような業者に依頼するのか，任せる範囲なども決めておかなければならない．外注業者にもいろいろあり，調査票の設計から分析・報告までをトータルにサポートするところもあれば，データ集計だけを部分的に受託するところもある．どの部分をどのような業者に任せるのかの検討は，調査の成否を決める重要ポイントである．

❺調査費用の検討

ES 調査の実施が決まると，検討の初期段階で概算どれくらいが必要か，どれくらい見積もっておけばよいか，予算を取る話になってくる．調査費用は，実際に選択する調査票の配布・回収手段や外注の有無などでだいぶコストが変動するので，注意が必要だ．

❻担当部門・担当者の決定

最後に，担当部門や担当者の決定となる．実際に調査を実施するうえで，調査運営担当をどの部署におくか．通常は人事部門が中心になるケースが多いが，経営企画部門との連携や，Web を活用する場合にはシステム部門とのかかわりも出てくる．また理解や協力を仰ぐべきキーパーソンがいる場合には，内容について事前確認をとっておく必要がある．これは具体的には経営層や労働組合が想定される．多くの場合，ES 調査は一般社員対象で実施されるため，組合のある企業の場合には，組合員の協力が得られるよう，組合に対しても調査概要の説明を行ない，働

きかけを行なうことが得策である．もちろん管理職クラスなど部門責任者へも事前に声をかけておく．このような社内的な根回しや事前の情報伝達などは，その会社に応じた事前の配慮として重要なポイントとなってくる．

　以下では，事前準備で検討すべきポイントを詳しくみていこう．

調査の必要性と論点整理

　まず目的については，調査の必要性やその論点を整理することで，必要な調査内容が明確になる．これは，ESの向上によって実現したいことは何か，ES向上のために知るべきことはいったい何かを明らかにするということである．ES調査を長期的に，定点観測的に経年比較をしながら実施していく場合は，ビジネスストーリーのなかで三咲が語っているように，社員の満足度の向上を通じた企業価値の向上が目的になる．そのようなESの主旨に照らして，中・短期的な調査目的としては何が考えられるかを明らかにする．

　たとえば図表2-10にあるように現状課題の把握が目的であれば，いま社内で抱えている問題をES調査によって明らかにする．その場合に必要となる調査内容は，社内に少し沈滞ムードが漂っているなら，そのモラールダウンの要因，つまり社員が本当にやる気をもって仕事に取り組める環境整備のためには何が必要か，社員のモチベーションの源泉がどこにあるのかを探ることになる．この場合には，満足度構造を把握するための調査票の設計が重要となってくる．

　またたとえば近年，人事制度改革を進めてきたというのであれば，制度に対する評価はどうかを聞く．この場合には，制度改革を実施して一定のタイミングを見計らっての実施となる．さらに，成果主義人事を導入したが，これに対する社員の受け止め方はどうなのか，そのなかで人をどう育てていくか，新しい制度が徐々に定着していくなかで，新たな人材育成ニーズは出てきているのか．そのあたりを確認するため，ES

図表2-10●調査目的の明確化

◆最初に調査目的・論点を整理することで必要な調査内容が明確になる
◆ES 向上によって実現したいことは何か，ES 向上のために知るべきことは何かを明らかにする

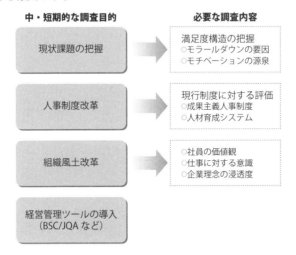

調査を実施することも考えられる.

　組織風土改革の観点からは，人事制度改革を進めたが，なかなか職場が活性化しないという現象がさまざまな会社で起こっている．制度や仕組みといったハードの部分は変えられても，組織風土の改革までは容易ではない．そのような場合に今後，どうすればよいかを探る.

　あるいは社員の価値観や仕事に対する意識はどうなっているか．最近，企業理念も変え，経営トップもことあるごとに社内にメッセージを伝えているが，それがいったいどれくらい浸透しているものなのか．浸透していないとすれば，どのあたりに問題があるのか．部課長層は比較的経営層に近いので，経営層から発せられるメッセージを直接的に聞く機会があるが，もしかしたらその部課長層があまり部下にその種の理念やビジョンを伝えていないというケースもあるだろう．組織階層のどのあたりでメッセージが途絶え，寸断されてしまっているのか．そんなことも確認したいというなら，それを明らかにすべく調査することになる.

またバランス・スコアカードなどの経営管理ツールの導入や日本経営品質賞（JQA；Japan Quality Award）の受賞を狙うことなども目的として考えられる．バランス・スコアカードでは，「学習と成長の視点」の業績測定ツールの指標として ES が取り上げられている．

　日本経営品質賞では，採点基準のなかに ES のスコアが採用されている．日本では，製品品質の取り組みについては長い歴史があるが，経営自体の品質をどう高めていくかのそれはごく最近までなかった．日本経営品質賞はマルコム・ボルドリッジ賞というアメリカの経営品質の基準にもとづき，その日本版としてさまざまな企業で経営のクオリティを高めることを狙って取り組まれているものである．

　このように，調査の目的はさまざまであり，実際に取り組む場合には，どのあたりがいちばん自社の目的にかなっているかを最初に明らかにしておく．

調査の作業フローをつくる

　図表 2-11 には，調査の全体像（作業フロー）を掲げた．それぞれのプロセスごとに，何を（What），いつまでに（When），だれが（Who）すべきかを事前にきちんと作業設計しておく．調査の流れとしては，事前準備があり，仮説設定・調査票設計，ES 調査の実施，調査結果の分析，そして調査結果の報告となる．

　事前準備では，スケジュールや調査方法を決め，社内調整や関係者への事前アナウンスを行なう．仮説設定・調査票の設計では，調査仮説をどう設定するか．新たに調査票を設計する場合には，調査仮説に関するディスカッションを実施する．これにはブレーンストーミング的に ES に関するさまざまな社内の問題や明らかにしたい課題を出し，それらを項目別にまとめて質問項目に落とすというやり方，社内関係者へインタビューをしたうえで，それを踏まえて調査票を設計するというやり方がある．

図表 2-11●調査の全体像（作業フロー）の整理

◆各プロセスごとに何を（What），いつまでに（When），だれが（Who）す
べきか事前に作業設計を行なう

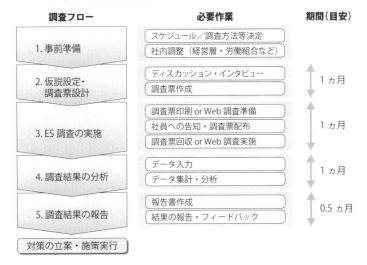

調査フロー	必要作業	期間（目安）
1. 事前準備	スケジュール／調査方法等決定 社内調整（経営層・労働組合など）	
2. 仮説設定・調査票設計	ディスカッション・インタビュー 調査票作成	1 ヵ月
3. ES 調査の実施	調査票印刷 or Web 調査準備 社員への告知・調査票配布 調査票回収 or Web 調査実施	1 ヵ月
4. 調査結果の分析	データ入力 データ集計・分析	1 ヵ月
5. 調査結果の報告	報告書作成 結果の報告・フィードバック	0.5 ヵ月
対策の立案・施策実行		

　ES 調査の実施段階では，アンケート票の印刷作業や社員への告知が
ある．社員への告知では，調査の主旨やその概要，調査期間などで協力
を呼びかけることになる．そして一定期間，おおよそ 10 日から 2 週間
くらいかけて，調査票の配布・回収，あるいは Web による調査を行な
うというのが ES 調査の実施の部分である．

　調査の実施がすめば，調査結果の分析ステップに進む．集計されたデー
タをもとに，分析を行なっていく．統計手法を駆使して分析を進めると，
さまざまな事実がみえてくる．その内容をまとめ，報告する．それが報
告書の作成とフィードバックになる．ES 調査は，たいていの場合には
全社員を対象に実施するため，基本的には全社員に向けてなんらかの形
で調査結果のフィードバックをすべきである．「あれだけ協力したのに
何も返ってこない」と社員に思われてしまうと，定期的・継続的に ES
調査を実施しようと考えている場合には，次回以降の協力が得られない
事態にもなりかねない．結果については，必ずなんらかの形でフィード

バックすることを協力を得た社員全員にあらかじめ約束しておくことが大切である.

　以上の各ステップを順次実施していく期間は，3〜4ヵ月程度がおよその目安となる．もちろん対象人数が1万〜数万人といった大企業の場合には，データの分析と報告書類の作成にかなりの時間がかかるためそれ以上になることもある.

無記名調査か記名調査か

　実際に調査を行なっていくうえでは，まず無記名式か記名式かの選択に迫られる．記名式の場合には，個人が特定されるおそれのある方法なので，調査票に自分の名前を書くやり方だと構えてしまう人も少なくない.個別の名前は書かない無記名式で実施するのがポピュラーだ.フェースシートに属性のみを書いてもらうケースが多い.

　しかしその場合も，図表2-12にもあるように，細かすぎるフェース項目は要注意である．該当箇所に回答者が〇を付けていくうちに，「これでは自分が特定される」と感じると，本音で回答してくれなくなってしまう．個人が明らかに特定されるような場合には，まったく回答しないケースも出てくる．それでは回答率の低下につながり，声なき声もつかめない.

　調査票が直接，上司や人事担当者の目に触れるようなやり方の場合にも，やはり回答をしなくなったり，虚偽の回答になってしまうおそれがある．紙ベースの調査票の場合には,回答後に専用の封筒に入れて閉じ,それを回収箱に入れるといった配慮が必要になる.

　虚偽の回答をする場合もある．「知られると嫌だから，とりあえずよく回答しておこう」という心理が働いて，それが結果的に高すぎる満足度や不明回答率の増加につながってしまう．フリーアンサー（自由回答）にもきちんとは書かず，あたりさわりのない上っ面のコメントの羅列となってしまうと，社員の本音は引き出せなくなる．この意味でも個人が

図表 2-12●無記名調査と記名調査

◆ES 調査は原則として本音を引き出しやすい無記名式が望ましい（特に初回）
◆ただし組織風土や調査目的によっては記名式が有効な場合もある（社員が自由に意見を言い合えるオープンな社風の場合，追加調査のために個人を特定する必要がある場合）

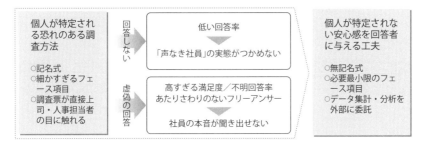

特定されないような安心感を与える工夫が必要となる.

　一方で，集計・分析のプロセスで，属性とのクロス集計などを実施する場合には，少なくとも部門と職位程度はわからないと不都合なので，やはり無記名式で実施し，必要最小限のフェース項目がどの程度になるかを検討したうえで実施することが必要となる.

　なお調査票が直接，上司や人事担当の目に触れてしまうおそれに対しては，回収作業やデータの入力作業を外部委託することでも対処できる. 職場単位で回収した調査票をひとつの箱にまとめ，外部の委託業者に送付して，そちらで開封してデータ入力してもらえば，社員の安心感は高まる. 外部委託する場合にも，これを社内の上司経由にするとか，人事部を経由させて外部に出すやり方にしてしまうと，そこで不信感を抱かせることにもなりかねないので，回収は外部の集計・解析を担当する業者に直接送付する形にするのが望ましい.

　もちろん調査対象企業の組織風土や調査目的によっては，記名式が有効な場合もある. たとえば社員が自由に意見を言い合えるオープンな社風がある場合，あるいは追加調査で個別に個人を特定する必要がある場合などは，記名式のほうが効果的である. しかし実際にそのようなやり方が可能な会社はごく限られているのではないか.

専門機関の選定と外注範囲

　次は外注範囲の決定である．外部の専門機関や外部業者にどこまで任せるか，これにもさまざまな考え方がある．

　外注化のメリットは図表2-13に示すとおりだが，まず外部に委託すると当然，社内的な作業が軽減され，省力化につながる．また外部の専門機関であれば，統計解析や分析手法などにも通じているので，さまざまな角度から集計データを分析することが可能になる．外部の豊富な設計・実査・分析ノウハウを活用できるので，結果的に分析の精度が上がり，バリエーションに富んだ深みのある分析となる．

　また前述したように，回答済みの調査票を外部に直接送付すれば，匿名性が担保され，回答の中身に対する信頼性が向上する．中立的・客観的な立場から提言ができるので，実際に分析した内容から何がいえるか，課題抽出から内容の提案までを外注業者に任せることができる．仮に社内の人間が集計データを分析した場合は，どこかでデータを操作したのではないかと疑われる場合も出てくるし，社員から，会社に都合のよい結果だけ出して，フィードバックしているのではないかと思われてしまう可能性もある．外部業者に委託すれば，客観的な立場から，調査の中身から分析までを実施することになるので，調査結果の内容がきちんとフィードバックされるだけでなく，調査結果報告の際にも社内に対する説得力が増してくる．

　図表2-13の調査ステップに対応して外注化のメリットが大きい部分をみていくと，まず仮説を立てて調査票を作成するステップでは，実際に調査票を作成する作業を外注化すれば，短期間で要領よくまとめられる．外注先がもっている定型的な調査票をベースに，自社の課題仮説や問題意識を追加していく方法で，その会社が必要とするオリジナルな調査票を作成することができる．

　この場合のチェックポイントは，フルオーダーなのか，セミオーダー

◆外注化には省力化，豊富な設計・実査・分析ノウハウの活用（分析精度向上・期間短縮），匿名性の担保（回答の信頼性向上），中立的・客観的な立場からの提言（社内説得力の向上）などのメリットがある
◆コストと調査方法に応じて外注範囲と外注先を決定する

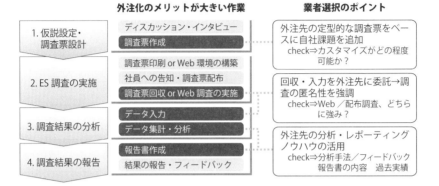

外注化のメリットが大きい作業　　　**業者選択のポイント**

1. 仮説設定・調査票設計	ディスカッション・インタビュー 調査票作成	外注先の定型的な調査票をベースに自社課題を追加 　check⇒カスタマイズがどの程度可能か？
2. ES調査の実施	調査票印刷 or Web環境の構築 社員への告知・調査票配布 調査票回収 or Web調査の実施	回収・入力を外注先に委託→調査の匿名性を強調 　check⇒Web／配布調査、どちらに強み？
3. 調査結果の分析	データ入力 データ集計・分析	外注先の分析・レポーティングノウハウの活用 　check⇒分析手法／フィードバック 　報告書の内容　過去実績
4. 調査結果の報告	報告書作成 結果の報告・フィードバック	

なのか，実際にどの程度，カスタマイズが可能かである．非常に問題意識の高い企業の場合には，最初からその会社のオリジナルな調査票を作成することも考えられる．その場合には，全面的にオリジナルな調査票を設計する力が外注業者にあるかどうかがポイントになる．

　ES調査の実施ステップや調査結果の分析ステップでは，実際に調査票を回収する部分やデータ入力の部分が外注対象となる．特にこのあたりは，外注を使うと非常に短期間でできる．回収・入力を外注先に委託すると調査の匿名性を確保できることはすでに述べたが，手慣れた作業で回収やデータ入力を行なうので，短期間で効率よく，工数も削減しながら進められる．この場合の外注先選定のチェックポイントは，Web調査が得意なのか，調査票配布方式の調査が得意なのかである．どちらに強みをもっているかが，選定ポイントとなる．

　ちなみに，最近ではWeb調査が主流となってきている．しかし，製造現場を抱えている企業の場合には，現場レベルにまでWeb環境を整備することができず，Web調査と紙ベースの調査票とを併用するケースも実際には多い．

調査結果の分析ステップや調査報告書の作成ステップでは，外注先の分析力やレポーティング・ノウハウの活用がキーとなる．最終報告書にまとめる際，どのような情報を盛り込むのか，どのようなグラフを使い，どうみせ，何をメッセージとして伝えるかという，レポーティングスタイルの確認が必要となる．外注先をうまく使えば一から考えずに済む．このあたりが外注を活用する大きなメリットとなる．

　以上，外注業者を選定するには，どういう分析手法を使用するのか，フィードバックの報告書はどんな体裁か，これまでどんな実績があるのかなどが大きなポイントになる．すべてを内製化すると，いたずらに工数がかかり，時間と労力を費やさなければならなくなる．費用対効果の観点からも，できるだけ外注できる部分は外注したほうが賢明である．要は，かけるコストと調査方法に応じて，外注範囲や外注先を決定すべきとなる．

3．仮説の設定と調査票の設計

Step.2 は，満足度構造仮説の設定と調査票の設計となる．

調査票設計の大きな流れ

　調査票設計は，まず仮説をつくり，調査によって明らかにしたい内容を整理する．次に調査票のフレームを決め，それにもとづいて質問すべき内容を具体的な項目に落とし込む．それを最終的な質問文に変え，調査票にまとめあげていくのが大きな流れである．

　まずは，どのように調査票を設計していくか，調査論点をきちんと整理して，検証したい仮説を設定する部分が重要になる（図表2-14）．そして仮説検証に必要な調査内容を分析方法も含めて骨組みから設計し，具体的な質問項目として肉づけしていく．

　仮説設定では，調査の論点を明確にすることが必要になる．調査論点としては，部門や職位別の満足度をきちんと把握するという場合もある

ビジネスストーリー 2　　　　Let's ES サーベイ 2

図表 2-14●調査票設計の流れ

◆まず調査論点を整理し，検証したい仮説を設定する
◆仮説検証に必要な調査内容を分析方法も含め骨組みから設計し，具体的な質
　問項目として肉づけしていく

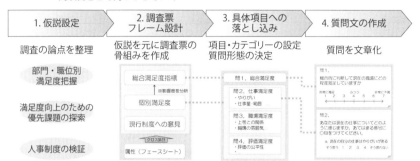

し，満足度を高めるための優先課題を探索するという場合もある．現行
人事制度の検証を実施するという場合もあるだろう．

　そうしたいくつかの調査論点を整理したうえで，調査票のフレーム設
計に進む．これは，仮説をベースにして調査票の骨組みを作成するとい
うことである．総合満足度を中心として，個別の満足度が具体的に総合
満足度にどう効いてくるかを質問項目のなかに落とし込んでいく．それ
以外のものでも，たとえば現行人事制度への意見や，そのほか ES 調査
の目的に照らして入れておく必要性がある項目も含め，調査票のフレー
ムを立てていく．少なくともこの調査票の中身は，それぞれの質問項目
ごとの単純集計だけではなく属性，いわゆるフェースシートの中身との
クロス集計を前提として考えるため，それを想定したうえでのフレーム
設計が必要となる．

　調査票のフレームがおおよそ固まったら，それぞれのフレームの大項
目，つまり調査のなかで明らかにしていくべき項目ごとの具体的な質問項
目への落とし込みが次のステップとなる．ここでは具体的な項目やカテゴ
リーを設定し，質問形態を決定する．たとえば総合満足度指標を問1に
設定，問2に仕事の満足度をもってくるのであれば，それに対する質問
項目を，問3に職場満足度，問4に評価満足度というように設定を行なう．

これらの内容を決めたら，それらを具体的な質問の文章に落とし込んでいくのが次のステップとなる．たとえば問1の総合満足度は「非常に満足」から「非常に不満」までの7段階で，問2の仕事の満足度は，現在の仕事にやりがいを感じているかどうかを「そう思う」から「そう思わない」までの4段階でみていくというように，細かい質問文を作成する．

調査票フレームの設計

　ここまで説明した内容をもう少し深掘りして説明しておこう．まずは，調査票フレームの設計である（図表2-15）．

　ここでは，仮説をベースに調査票の骨組みを作成するわけだが，この時点で分析方法も固めておくと質問項目への絞り込みが容易になる．これは，たとえばESに関連する個別項目の総合満足度への影響度分析を実施するような場合には，質問票ができた段階で，どの質問項目とどの質問項目をどのような分析手法を使って結果を出していくのかをある程

図表2-15●調査票フレームの設計

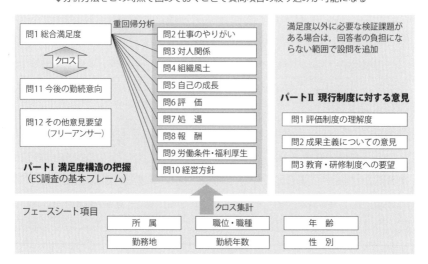

◆仮説を元に調査票の骨組みを作成する
◆分析方法をこの時点で固めておくことで質問項目の絞り込みが可能になる

ビジネスストーリー2　　　Let's ESサーベイ2

度，調査票を作成した段階で決めておくということである．

　当然，調査をしてみないと傾向がわからないものもある．その場合には，単純集計やクロス集計を実施したあとで，出てきた結果にもとづいてもう少し突っ込んだ分析を試みることになる．つまりこの質問項目とこの質問項目を重回帰でもう少し詳しくみようとか，この質問項目とこの質問項目をクロスでみると別の傾向が出てくるかもしれないからやってみようというような形で，追加分析が実施されることになる．

　基本的な調査のやり方も，調査票のフレーム作成段階で，おおよそ決めておくべきである．その時点で，アウトプットとしては，たとえばこういう調査結果の下にこの程度の内容のものをレポーティングできるということが，調査票フレームの設計段階でイメージがわくレベルにしておく必要があるということである．「調査してみないとわからないので，とりあえず調べてみよう」といったスタンスでは，深みのある分析はできない．まず調査票の設計段階で，そのあたりの分析イメージをつくっておくことが大切である．

質問項目と段階評価の設定

　満足度を構成する要因については，図表1-7でも触れたが，各要因をブレークダウンして具体的な質問項目を設定していく．

　すでに説明したとおり，総合満足度を構成する要因には動機づけ要因と衛生要因がある．動機づけ要因は，少し刺激を与えると満足度が高まるので「魅力要因」．これに対して衛生要因は，普段は存在自体もさほど感じないが，これが著しく低下するとかなりESを引き下げる要因となるので「基本要因」ともいわれる．したがって衛生要因は，少なくともこれを現状維持するなんらかの対策や施策を考慮する必要性が出てくる．

　このような総合満足度を構成する要因をきちんと念頭においたうえで，それぞれの企業で取り組む際には，プラスアルファで自社固有の要因を加え，具体的な質問項目に落とし込んでいくことになる．

次に，具体的な質問項目の設定にあたってのポイントをみていこう.

まず満足度項目は，すでに説明したとおり，指数化しやすいように段階評価で質問していく（図表2-16）.

これまでの調査実績からいっても総合満足度は，およそ5段階から7段階評価でみていくケースが多く，総合満足度スコアという形で点数を出していく. 満足度が高い部門・部署から低い部門・部署までを点数化して，たとえば「全社平均で満足度○点」「当該部門○点」というようにスコアの比較をして，全社比較で当該部門は高いとか，低いとかいうようにコメントを出していく.

個別要因に関しては，「そう思う」から「そう思わない」までの4段階というケースが多い. 質問の選択肢としては，真ん中に「ふつう」や「どちらともいえない」といった中間値をおくやり方もあるが，そうすると明確な傾向が出ない. 往々にして「どちらともいえない」や「ふつう」という選択肢を入れると，中心化傾向によって中央に回答が集中してしまい，よいのか悪いのかが判然としなくなってしまう. 明確な傾向

図表2-16●満足度項目の設定

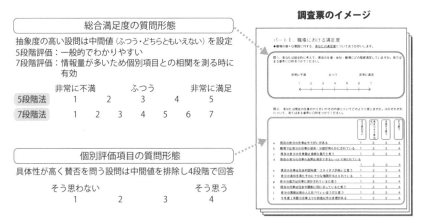

ビジネスストーリー2　　Let's ESサーベイ2

を出すという観点から，本当にそう思っているのかいないのか，満足しているのかいないのか，個別項目の個別要因については４段階で○をつけてもらうとよい．

　一方，総合満足度の質問のように抽象度の高い設問は，中間値を設定する．５段階評価は一般的でわかりやすい．７段階評価は，情報量が多いために個別項目との相関を測る場合に有効である．要するに，評価段階に刻みが多ければ多いほど，どのあたりのレベルで感じているかが少しきめ細かく捉えられるという意味で，５段階よりは７段階というところでみることになる．ただしこのあたりのリッカート尺度については，さまざまな考え方があるため，各企業で個別によく検討し，どのような形がベストかを決めて差し支えない．絶対的にこれでなくてはならないというものではない．

最終的な質問文をつくる

　次いで，質問項目の質問文を作成する際の留意点について触れておこう（図表2-17）．

　質問文を考える場合は，一般的には否定形は使わないのが原則である．たとえば「現在の仕事にやりがいを感じられない」とするのではなく，「現在の仕事にやりがいを感じる」とする．これに対して「そう思う」「ま

図表2-17●質問文の作成

◆否定形を使わない
　　例：× 「現在の仕事にやりがいを感じられない」
　　　　○ 「現在の仕事にやりがいを感じる」
◆1つの項目に2つ以上の質問内容を入れない
　　例：× 「社員が経営に信頼感をもっていて前向きである」
　　　　○ 「社員が経営に信頼感をもっている」
　　　　○ 「社員は前向きに仕事を遂行している」
◆文章はできるだけ簡潔に，1行以内に収める
　　例：× 「当社は職務遂行能力に基礎をおく職能等級制度を採用しているが，年功的な運用には陥っておらず，等級内での昇給のスピードは妥当である」
　　　　○ 「職能等級内における昇給のスピードは妥当である」

あそう思う」「あまりそう思わない」「そう思わない」で回答を求める.

　質問文の作成に不慣れな人がつくると，否定形と肯定形が錯綜して，スコア化する際にプラス評価なのかマイナス評価なのかを質問文に応じて読み替えるという煩瑣な作業が発生してしまう．肯定文の質問に「そう思う」と答えた場合，これを点数化するとスコアは高くなる．しかし否定文の質問に「そうだ」と答えたものを単純に点数化はできない．「そうだ」という回答は実は満足していないわけだから，スコアは低くならなければならない．質問項目に否定形と肯定形が混在すると，それを実際の集計段階で質問項目を読み直し，点数を読み替えなくてはならなくなる．それなら全部否定形でという考え方もあるが，その場合には，回答者の心理に与えるマイナスの影響が懸念されるので，やはり質問文は肯定形でつくるべきである.

　ひとつの質問項目のなかに2つ以上の質問内容が入ってしまうケースもよくある．これも注意が必要である．たとえば「社員が経営に信頼感をもっていて前向きである」という質問は，「経営に信頼感をもっている」と「仕事に前向きに取り組んでいる」という2つの要素が含まれている．それぞれ単独の質問に分離して，設問とすべきである．ひとつの質問項目でいろいろなことを聞いてみたいと欲張ってしまうと，このような結果になってしまう.

　また文章はできるだけ簡潔に1行以内に収めることが重要だ．よくだらだらと長い質問文をつくってしまうケースがある．「当社は職務遂行能力に基礎をおく職能等級制度を採用しているが，年功的な運用には陥っておらず，等級内での昇給のスピードは妥当である」という質問は，「職能等級内における昇給のスピードは妥当である」というように，簡潔に1行で表現することが必要である.

個別課題に関する項目

　質問項目例は図表2-18のとおりである.

図表2-18●ES調査アンケート【簡易版】

●職場のさまざまな要因に対する，あなたの満足度についておうかがいします．

問1. あなたは総合的に考えて，現在の仕事・会社・職場にどの程度満足していますか．あてはまる番号に○印をつけてください．

非常に不満			ふつう			非常に満足
1	2	3	4	5	6	7

問2. 以下の項目についてどのように感じていますか．あてはまる番号に○印をつけてください．

	そう思わない	あまりそう思わない	まあそう思う	そう思う
1. 現在の自分の仕事はやりがいがある	1	2	3	4
2. 職場では自分の仕事の担当・分担が明らかにされている	1	2	3	4
3. 現在の自分の仕事量は適度な量だと思う	1	2	3	4
4. 自分の責任を果たすのに十分な権限が与えられている	1	2	3	4
5. 自分の能力は仕事に活かされていると思う	1	2	3	4
6. 所属する部室の雰囲気はよい	1	2	3	4
7. 自分と上司との関係はよい	1	2	3	4
8. 自分と同僚との関係はよい	1	2	3	4
9. 上司・先輩等で尊敬できる人物がいる	1	2	3	4
10. 所属する部室では率直に意見具申できる雰囲気がある	1	2	3	4
11. 部門間・部室間の連携はうまくいっている	1	2	3	4
12. 性別に関係なく働ける雰囲気がある	1	2	3	4
13. 仕事を進める上で必要な規律やマナーは守られている	1	2	3	4
14. 今の会社にいることで成長できると思う	1	2	3	4
15. 上司は自分を熱心に指導育成してくれる	1	2	3	4
16. 自分の仕事上の将来的な姿がイメージできる	1	2	3	4
17. 自分に対する人事評価は公平で納得できる	1	2	3	4
18. 人事評価の基準とその体系が明確だ	1	2	3	4
19. 人事評価の結果はオープンにされている	1	2	3	4
20. 自分の目標は明確である	1	2	3	4
21. 自分の目標のレベル（達成の難しさ）は適切である	1	2	3	4
22. 自分の現在の処遇（資格・ポジション）は適当だと思う	1	2	3	4
23. 処遇に関して上司と十分な対話ができている	1	2	3	4
24. 自分の処遇には成果や努力が十分に反映されている	1	2	3	4
25. 現在の自分の年収は適当だと思う	1	2	3	4
26. 現在の自分の年収は同業他社並またはそれ以上だと思う	1	2	3	4
27. 現在の自分の年収は業務内容や質に比べて適当だと思う	1	2	3	4
28. 現在の労働時間は適切である	1	2	3	4
29. 年間の休日，休暇は満足いくレベルで取得できている	1	2	3	4
30. 福利厚生の制度や施設は充実している	1	2	3	4
31. 人事部は，各部室の業務内容や状況をよく把握している	1	2	3	4
32. 会社の経営方針に共感できる	1	2	3	4
33. 会社に愛着を感じている	1	2	3	4
34. 会社に将来性を感じている	1	2	3	4
35. 今後も今の会社で働き続けたい	1	2	3	4

●あなたご自身のことについておうかがいします．該当する番号に○印をつけてください．

問3. あなたの今の年齢をお教え下さい．（○印は1つ）

1. 20〜29歳	2. 30〜39歳	3. 40〜49歳	4. 50〜59歳	5. 60歳以上

問4. あなたの入社経緯をお答え下さい．（○印は1つ）

1. 新卒採用	2. キャリア採用	3. 出向・転籍

問5. あなたの職位をお答え下さい．（○印は1つ）

1. 部長・次長	2. 課長	3. 係長・主任	4. 一般社員	5. 専門職	6. その他

質問項目のなかでも個別課題に関する項目に移ろう．これは，総合満足度を構成する要因以外にも個別に検証したい課題があるという場合に，回答者の負担にならない程度で個別の設問項目を考えるということである．

　たとえば図表2-19にあるように，成果主義人事を導入して3年経過し，新しい制度を社員はどのように受け止めているかを自社の課題と考えているとしよう．そのような問題意識や課題認識がある場合には，それを個別に検証する目的で質問を設定する．この場合には，たとえば「成果主義の影響について」というような設問設定で，業績に応じた評価制度によって社員のやる気が引き出され，組織が活性化しているのか，あるいは業績に応じた評価制度によって個人主義が助長され，組織の全体最適が阻害されているのか，それぞれどのあたりで成果主義の影響を感じているかなどを答えてもらう．

　また成果主義というと，だいたい業績連動型の報酬という話になって，その種の仕組みを導入する企業が多いが，業績連動型報酬部分のウエートについてどう考えているか，業績に応じた報酬配分のウエートをいま

図表2-19●個別課題に関する項目設定

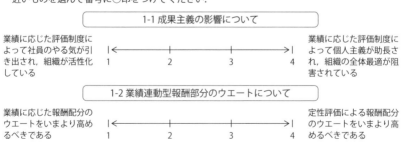

◆満足度以外にも個別に検証したい課題がある場合は，回答者の負担にならない範囲で設問項目を設定する

カスタマイズ項目：質問票例

（成果主義型の新人事制度を導入して3年．新制度を社員はどのように受け止めているのだろうか…？）

問．人事制度や運用のあり方についておうかがいします．以下の選択肢のうち，あなたの考えに近いものを選んで番号に○印をつけてください．

1-1 成果主義の影響について

業績に応じた評価制度によって社員のやる気が引き出され，組織が活性化している　　1　　2　　3　　4　　業績に応じた評価制度によって個人主義が助長され，組織の全体最適が阻害されている

1-2 業績連動型報酬部分のウエートについて

業績に応じた報酬配分のウエートをいまより高めるべきである　　1　　2　　3　　4　　定性評価による報酬配分のウエートをいまより高めるべきである

より高めるべきか，それとも定性評価による報酬配分のウエートをより高めるべきか，どちらか答えてもらう．

　このような個別課題があれば，それらも調査票のなかに含めて設定するということである．

フェースシート項目の設定

　フェースシートの中身は，できるだけ簡潔なほうがよい．これはすでに何度か触れているが，あまり細かい内容を聞くと，個人が特定される懸念を抱き，質問に回答しない者が出るおそれがあるためである．無記名式の場合は，属性ごとに分析ができるよう所属部署・個人属性を質問項目として設定することになるが，詳細すぎないようにして，どこまで把握する必要があるのか，その活用目的に応じて検討しておく．

　調査結果のフィードバックや人事施策への反映にあたって最小限必要な属性情報は何か．図表2-20にもあるように，この場合の属性情報とはまずは所属である．実際の調査結果のフィードバックを想定すると，やはり所属は聞いておく必要がある．本部単位や部単位，課単位などで調査結果の集計を実施し，結果のフィードバックを行なう一定の組織単位を決めておく．

　フィードバックは，部門担当の管理職へは必ず実施し，一般社員へは調査概要をオープンにするというやり方がポピュラーである．したがって組織体ごとにフィードバックする対象者が管掌している部門については，フェースで把握しておく必要性があるだろう．

　一方，個人属性は職位や職種，勤続年数，性別，年齢というように，いくつかの切り口が考えられ，それが人事施策や制度への具体的な反映のための重要な情報となる．たとえば職位別や職種別にESの結果が違って出てくる場合，特定職位の社員のESは非常に落ちているのに，別の層はすごくESが高いというような場合がそれである．職位や職種で切ってみると，全体的な傾向と比較して個別の傾向が浮かび上がってくる．

図表2-20●フェースシート項目の設定

◆無記名式の場合は，属性ごとの分析ができるように所属部署・個人属性を質問項目として設定する

◆ただし詳細すぎるフェース項目は回答者に個人が特定されるおそれを与えるため，どこまで把握する必要があるのか活用目的に応じて検討する（結果のフィードバック／人事施策への反映にあたって，最小限必要な属性情報は何か）

このように個別の切り口でみた内容で，新たな人事施策や新たな制度の検討へつなげていくことも考えられるので，このあたりは知っておく必要性があるということだ.

しかし個人属性は，他の項目で代替可能であれば，省略しても差し支えない．職位と年齢がほぼイコールで捉えられる場合や，入社年数や年齢でおおよその職位が判断できる場合には，年齢の部分を省略できる.

実際にどのあたりまで個人属性を聞くかは，ESの結果を何にどう活用していくのか，明らかにしたい内容を念頭において考えていくということだ．この部分を軽くみて，調査票のなかで安易に取り扱ってしまうと，調査票の配布後に各職場から苦情めいた意見が出てくるので注意が必要である．特に職位が高い人の場合には，所属と職位に「○」をつけると個人が特定されるので，強い抵抗感が出てくるケースがある.

フリーアンサーの質問項目

質問項目のどこに○をつけたかで，かなりのデータは得られる．しかし設定されている質問項目ではカバーしきれない部分の社員の不満や要望を吸い上げる受け皿として，フリーアンサー項目は必ず加えておいたほうがよいと思われる．フリーアンサーの記述内容から，事前には仮説

ビジネスストーリー2　　Let's ESサーベイ2

を立てにくい隠れた課題を発見し，次回調査の項目に反映できることもある．またそれらの内容を今後の改善策のヒントとして活用できる場合もある．フリーアンサー欄をどう有効活用していくかは，このあたりとも絡めて考えていくべきものである．

その意味でフリーアンサー欄は，単なる不満のはけ口に終わらせず，前向きな提案の場として活用すべきである．たとえば初回調査は，会社に対する不満や要望について自由に回答してもらう．最初は，なんでもいいからとりあえず気づいたこと，感じたこと，日頃思っていることを書いてもらう．そして2回目以降は，その記述内容を踏まえて，今度は具体的な改善策について提案を促す．

これは，単に会社に対する不平・不満，愚痴を書くスペースだと思わせないために，「そこまでいうなら自分自身が考える改善策を併せて提案しなさい」というメッセージとなる．あまりいいかげんなフリーアンサーを書かせない，あるいは不平・不満や愚痴の場にしないためのひとつの方法論として，そのような位置づけでフリーアンサー欄を活用する企業もある．できるだけ前向きで建設的な意見を取り入れるためのひとつの工夫といえるだろう．

フリーアンサー欄は，「お気づきの点がありましたら，ご自由にご記入ください」というように，スペースを大きくとって，あとは書く側の自由にまかせるという質問票の形態をよくみかけるが，実はフリーアンサーも，いま述べたような使い方によってうまく活用できる余地があるので，ぜひ工夫していただきたい．

なおフリーアンサー項目は，質問票の最後に意見・要望を確認する部分にだけ設け，あとは設定しないほうが回答者の負担を軽減する意味でもよい．多すぎるフリーアンサー欄は回答者の負担となるだけである．回答個所は少なめに，欄は大きめにということだ．実際に文章を書くとなると，時間と労力がかかるため，できるだけ選択形式の質問のスタイルが望ましい．このような回答者への細かい配慮も，質問票を作成して

いくうえで考慮すべき重要なポイントになってくる。

調査票設計における留意点

　ここまでの解説を踏まえ，**図表2-21**に調査票を設計するうえでの留意点をまとめておく。

　調査票の設計にあたっての大きなポイントは，回答者の負担をできるだけ最小限に抑えながら，一方では，きちんと本音を引き出せるような仕掛けをしておくことである。

　まず総合満足度は，いちばん最初に聞く。この理由は2つある。第1は，先入観を排除し，直感で回答してもらうためである。「キャリーオーバー効果」というが，設問を順番に聞いていくと，前の質問の回答が次の質問の回答に影響を及ぼしていく現象が起こる。頭のなかに前の質問のイメージがさながら残像のように残って次の質問に移るため，徐々に前の質問の回答傾向に引きずられてしまうことになる。したがって総合満足度は，そんな先入観や前の質問のイメージがない段階で，単刀直入に聞いたほうがよいのである。

　第2に，総合満足度を後で聞くと，個別項目の入れ替えを行なった際には正確な経年比較ができないおそれがある。いちばん最初の設問で総合満足度を聞いておけば，先入観やキャリーオーバー効果が排除できるので，そのような形での回答は，経年比較していくうえでも望ましいということである。

　次に，回答しやすい項目から質問をスタートするというのも，調査票を設計するうえでは大切なテクニックとなる。いちばん最後にフリーアンサー項目を入れ，定量項目を先にもってきているのも，まずは簡単に答えられるものを最初に示し，回答者が答えやすい環境を整備するという意味である。

　評価や処遇に関する設問項目より，仕事や職場など身近に感じられる項目のほうが直感で回答しやすい。評価や処遇などの質問は，「そうい

ビジネスストーリー2　　Let's ESサーベイ2

図表2-21●調査票設計における留意点

◆回答者の負担を最小限に抑えつつ本音を引き出す調査票をつくる

1. 総合満足度は最初に聞く
  ○先入観を排除し直感で回答してもらうため
   （キャリーオーバー効果：前の質問の回答が次の質問の回答に影響）
  ○総合満足度を後で聞くと個別項目の入れ替えを行なった際に正確な経年比較ができないおそれがある

2. 回答しやすい項目からスタート
  ○フリーアンサーより定量項目を先に
  ○評価・処遇より，直感で回答しやすい仕事や職場に関する項目を先に
  ○フェース項目は最後に（最初に個人情報に関する質問に回答すると，評価が甘くなる可能性）

3. 回答者を選ばない設問
  ○公平性の面から，特定の社員しか理解できない・回答できない設問は極力避ける

4. 30分以内で回答可能な質問数（100問程度）
  ○最初に分析イメージを固めておけばある程度の絞り込みが可能
  ○ただし初回は比較的多めに項目を設定し，次回以降に絞り込みを行なう

5. 個人の特定ができない・しない旨を強調
  ○フェース項目は個人特定ができないレベルにとどめる

えば当社の制度はどうだっただろう？」と，ちょっと立ち止まって考えてから回答することが多い．したがって仕事の現状や職場の人間関係など，比較的簡単に答えられるものをできるだけ前にもってくるのが調査票設計上の配慮となるのである．

　フェース項目については，最初にフェースを聞くという調査票もみられるが，これもどちらかといえば最後においたほうがよい．実際，自分自身の属性に関する設問項目は最後のところで聞くのがセオリーでもある．最初に個人情報に関する質問に回答したあとで具体的な質問に移ると，設問に対する評価が肯定的で甘くなる可能性がある．どうしても自己確認してから中身の質問に入るため，虚心坦懐に答えられなくなってしまうからである．

　回答者を選ばない設問をつくることも重要である．公平性の観点から，特定の社員しか理解できなかったり，回答できなかったりする設問は，極力避けるべきである．設問項目を検討していると，確かに回答者全員ではなく，特定層や特定の社員しか該当しないものが出てくる．その種の設問項目は設けないほうがよい．万遍なくさまざまな社員の声を聞く

というなら，やはり全員が回答できる設問項目にしたほうがよい．これも，これまで実際に実施した調査の経験からいえることである．

　回答に要する時間はどれくらいを想定すればよいのか．これは，できれば 30 分以内で回答可能な質問数が妥当である．これも調査票設計のための設問に関する方程式や定式が存在するわけではないが，実際に回答する側の立場で考えてみると，30 分程度で回答できるのが最適である．これを前提にして設問数でいえば，100 問程度が妥当である．

　汎用のパッケージを提供している調査会社のなかには，設問項目が 200 項目から 300 項目という ES 調査も実際にはある．分析していくうえでは確かにかなりきめ細かなデータがとれるし，メリットもあるが，回答する側にとってはこれは負担が大きすぎる．回答途中で投げ出されてしまったりすれば調査実施の意味はなくなるので，最初の段階で分析イメージをきちんと固め，必要な絞り込みを行なうべきだろう．ただし初回は比較的多めに項目を設定し，次回以降で絞り込みを行なうというやり方はある．そのあたりは実際の調査でどんなことを聞き，何を明らかにしていくべきかという観点を第一に設問の数を絞るということである．

　最後に，個人を特定するものではない，できない旨をきちんと知らせておくことだ．調査票の表紙や調査に対する依頼文には必ず，「本調査は統計的な手法を用いて分析し…，個別の内容が漏れることはけっしてありません」と記しておく．調査の実施にあたっては，必ずこの種の文言を入れておき，個人の回答結果を調べるために実施するものではない旨，強調すべきである．すでに触れたように，あわせてフェース項目については，個人の特定ができないレベルにとどめるという配慮が非常に大切になる．

4．ES 調査の実施と回収

　ここから先が Step.3 となる．ここまでの作業を受けて，実際にできた調査票を配布し，回収していくステップである．

ビジネスストーリー 2　　　Let's ES サーベイ 2

紙ベースの調査票の望ましい配布・回収方法

ES 調査では，調査結果の説得性を高めるためにも一定以上の回答率が必要だ．回答率は，実施方法や社員への協力要請の仕方によってもだいぶ変わってくるので，回答方法ややり方の工夫が必要になる．

調査の実施にあたっては，会社側のスタンスや経営層からのメッセージをきちんと伝え，労働組合がある場合には組合の役員からも組合員に対する協力要請を行なって，その回答方法や回答手順もきちんと一般社員に伝える十分な事前配慮を行なっていくことが高い回答率につながっていく．

図表 2-22 では「目標８割」となっているが，社内で実施するアンケート調査で８割というのは，場合によっては少し低めの数字といえるかもしれない．したがって初回の目標を８割ぐらいにおき，次第に回答率を上げていく．何度も実施していくと，やり方次第では９割以上になってくる．実際のクライアントの事例では回答率 100％もあるので，このあたりはぜひやり方を工夫して回答率を高めていただきたい．

紙ベースの調査票の回収時は，匿名を前提としたうえでチェックをきちんと行なう．この回収チェックの際にも，調査票の提出者・未提出者をこまめに確認すると，忘れて出していない人や出張で不在のケースもあり，回答率アップにつながる．

回答率は，このような配布・回収の際の配慮によってだいぶ違ってくる．細かいことだが，たとえば実施にあたって調査の告知・協力依頼をし，配布時に調査目的を全社員に改めて伝えて理解を得る．この場合に，社長からの挨拶状をつけたり，メールや掲示板での告知をしたりする．特に経営トップからきちんと協力依頼をしてもらうことはかなり効果的である．会社が本気で取り組んでいるというメッセージが社内に伝わっていくため，社長名できちんと「ES 調査への協力依頼」というようなタイトルでメールを送信すると，回答率は高まる．

図表2-22●望ましい配布・回収方法

◆調査結果の説得力を高めるためにも，一定以上の回答率が必要になる
　（目標8割）
◆配布時は調査目的の明示と上位者（特に経営者）による協力依頼，回収時は
　匿名を前提とした上での回収チェックの実施

配布から回収までの流れ

1. 配布	調査の告知・協力依頼	配布時に調査目的を全社員に明示し，理解を得る 　（挨拶状の添付／メール・掲示板での告知） 特に経営者による協力依頼は有効
	調査票の配布	調査票・回収用封筒（個々の回答が人目にふれないため）を配布
2. 回答	調査票の記入 （10日〜2週間）	遠隔地や繁忙期の部署に配慮して締切日を設定 （週末を一回はさむ）
3. 回収	調査票の提出	回答者各自が与えられた封筒に入れ，封印して回収 　−匿名性を優先する場合は回答者が外注先に直接郵送 　（回収コスト発生） 　−社内で回収する場合は回収箱を設置し各自提出
	回収チェックの実施	回収用チェックリストを用意し，提出時に各自が印をつける 部門単位で担当者を任命し，未提出者に督促（ただし強制はしない）

　調査票の配布の際には回収用の封筒を用意する．これは，すでに述べたように個々の回答が人目に触れないための配慮で，そうしたものを配布して，職場単位でまとめ，回収用封筒に入れてもらって回収する．これを所属長経由でいったん人事に提出させたり，人事に直送させたりしてしまうと，すでに述べたように，回答者は抵抗感を覚えてしまう．やはり調査票は回収用封筒とともに配布し，回答後はその封筒に入れて封をし，外部の調査機関に郵送させるというやり方のほうが回答率という意味からも望ましい．

　回答期間はどれくらい必要か．調査票に記入して回答してもらうには，短ければ1週間ぐらいの場合もある．しかしあまり短期間だと，出張などで調査票を出せないというケースも生ずる．全国展開している企業の場合には，遠隔地にある工場や支店，営業所に配布して回収するまでに

ビジネスストーリー2　　Let's ESサーベイ2

は郵送の時間がかかる．逆に，手元に受け取ってから回答して返すまでの期間が長すぎると，調査票が手元に届いていることを忘れてしまって，回答しない人が出てくる可能性もある．それらを考えて，10日〜2週間ぐらいの期間をとるのが一般的である．

なおちょっとした配慮だが，その際に週末を1回はさむと効果的である．週末をはさみ，翌週の頭あたりを締切日とすると，「平日は忙しいから，この週末に時間をとって回答しよう」ということにもなり，回答率アップにつながってくる．このあたりへの配慮も，回答期間を設定するうえでは大切なことだ．

回収の際に注意すべきは，何度も述べているように調査票の提出方法である．回答者が各自で与えられた封筒に入れ，封印して回収する．匿名性を優先する場合は，回答者が外注先に直接郵送する．ただし一人ひとりが郵送するとコストがかかりすぎるので，職場単位や事業所単位，支店単位でまとめて送る形にする．

また社内で回収する場合には，回収箱を設置して各自提出させるというやり方もある．各職場に回収箱を置き，そこに回答した調査票を入れてもらう．その箱には名簿をつけておく．もちろん回答用紙には名前は書かないが，提出者には一応チェックしてもらう．それをみてチェックしていない人には締切近くで催促し，回答率を上げていくのである．

どんなに立派な質問項目をつくって準備万端整えても，肝心なサンプルが十分集まらなければよい分析もできない．しかし社内調査の場合には，協力要請の仕方次第でかなり回答率アップを期待できるので，やり方次第である．ES調査は，一般のアンケート調査とは違うため，できるだけ全員に回答してもらい，出してもらえるよう，人事担当は各部署・部門にしっかりと協力の要請をしていくべきである．

5．Webを使ったアンケート法

ここまでの解説は，調査票という紙媒体を使った調査の実施を前提に

説明してきたが，最近では Web を使ったアンケート方法も普及し，主流となってきている．

Web 調査のメリットとデメリット

これから ES 調査を検討していくうえでは，Web を使った調査も選択肢として考えていく必要性がある．ただし Web 調査にもメリットとデメリットはあり，そのあたりをきちんと考慮したうえで，実施の検討をすべきである．どんなところがメリットで，どんなところがデメリットなのか．以下，図表 2-23 にもとづいて簡単にポイントをまとめておこう．

メリットについては，まず配布・回収作業が省力化できる．紙の調査票を使用する場合には，まず印刷し，それを各部署単位に人数分カウントし，それを社内便などで送って，同時に回収用の封筒まで手配する．そして先ほど説明したように，各職場では，実際にだれが提出したかをチェックして回収率を高めるための努力も必要になる．しかし Web の場合には，パソコンの画面上で回答し，チェックして送信すればいいので，配布・回収のための作業は格段に省力化される．

調査期間も短縮できる．特にデータの入力である．紙ベースだと，いったん紙に書いてある内容をデータ入力しなければならない．単純作業であり，社員数の多い企業の場合には，データ入力だけでかなりの時間がかかる．Web に置き換えると，Web にインプットされたデータをそのまま集計できるため，手間がかからず，少なくともデータの集計から分析に至る部分の期間を大幅に短縮できる．

回答者の負担軽減というメリットもあげられる．実際に Web を使うと，回答も簡単になる．コスト削減という意味でもトータルにみてそういえるし，社員数の大きい企業ほどそのメリットは大きい．回答する側も集計・分析する側も，Web のほうが紙よりもまったく楽である．

しかしよいことずくめではない．まず対象者全員が Web を利用できる環境にあることが必要である．自分のパソコンからデータを入力して，

ビジネスストーリー 2　　Let's ES サーベイ 2

図表2-23●Web調査のメリット・デメリット

◆Webを利用することでコストダウンと期間短縮が可能になる
◆Webのメリット・デメリットを把握した上で最適な手法を選択する

1. メリット
○配布／回収作業の省力化
○期間の短縮（特にデータ入力）
○回答者の負担軽減
○コスト削減（社員数の多い企業ほどメリット大）

2. デメリット
○対象者全員がWebを利用できる環境にあることが条件
○回答率低下の可能性（匿名性を保証しつつ回収を促進する工夫が必要）

アンケートに答えるということになるため，みんながWebをきちんと利用できる環境にあるかどうかが，前提条件になる．先ほども指摘したように，生産現場や作業現場を抱える企業では，1人に1台のパソコン環境にないため，どうしても紙の調査票での対応が必要となる場合が発生する．紙・Web併用での調査とならざるをえないケースは，いまでも存在している．

また回答率低下の可能性がある．これは，だれが答えたか，匿名性をきちんと保証できる体制や仕組みを考えておく必要性があるということである．自分のパソコンから答えるため，回答者はだれが答えたかがわかってしまうのではないかという懸念を抱く．匿名性を保証しつつ，回答を促進できるような工夫をしていく必要性がある．

Web調査も最近ではだいぶ普及してきているので回答者の心理的な抵抗感もだいぶ払拭されてきているが，このような点も十分考慮して，どんな方法がベストか考えていく必要がある．

ビジネス
ストーリー

Let's ES
サーベイ

3 章

ビジネスストーリー3
分析手法を身につける

　ES 調査票の質問項目の検討が済んで調査票が確定すると，7月初旬には各職場に調査票が配布された．回答期間は2週間．7月半ば過ぎには回収も終わり，集計・分析のステップへと進んでいった．調査スケジュールは予定どおりの進捗である．

調査には手法の確立が必要

　8月の初旬，単純集計とクロス集計を終えた頃，経営改革チームによる定例ミーティングが開催された．

　三咲が，データ集計表を眺めながらメンバーに問いかけた．

「集計結果が出てきましたが，これをご覧になってみなさんはどう思われましたか」

　トリトン社の須藤部長が答えた．

「そうですね．単純・クロスの段階だと，各質問項目単体の回答傾向と，所属や属性別にみた各質問項目の集計結果はわかりますが，それ以上のことはちょっとよくわかりませんね」

「そうですね．回答データを集計した段階では，たとえば仕事にやりがいを感じているのは社員全体で何％というような，全般的な回答傾向はつかめても，それ以上のことはわかりません．ところがいろいろな会社が自力で実施しているアンケート調査を拝見すると，このレベルで分析作業が終わってしまっているケースが実に多いんですよ」

「それでは，せっかくの調査が有効に活用されていないじゃないですか」と，ホールディングスの宇野部長がいった．

「まったくそのとおりです．しかし一般の会社が内部で ES 調査をやる場合には，そのあたりまでが限界ということが非常に多いんです」

　今度は，トリトン社の五味課長が口をはさんだ．

「すると，調査の重要な目的である ES 向上のための原因の究明や具体的な施策の検討が不可能になると…」

「そうです．だからといっては手前ミソになりますが，そこでわれわれのような外部のコンサルタントや調査機関を活用する意義が出てくるのです」

「アンケート調査には，一定レベルの統計的知識や手法が必要となってくる．一般の会社が独自に調査を実施しようとすると，このあたりで壁にぶつかってしまうということですね」

　ガイア社の小比類巻部長がいった．

「そうなんですね．だいたい人事部門の人は文科系が多いですから，あまり統計的な知識にも手法にも詳しくない．人事部門に専門のアンケート分析担当をおくなんてことは考えられないですからね．だからデータ集計のレベルで調査が終わってしまうことが多いんです」

「われわれも，少し統計手法に馴染んでおいたほうがいいということですね」

　ガイア社の菊田課長が応じた．

「ES 調査には，一定レベルの調査手法の理解が必要です．メンバーのみなさんにもこの機会によく学んでいただきたいと思っています」

　三咲がそういうと，須藤部長が「また勉強か」と苦笑いを浮かべた．

　具体的な ES 向上策は，調査項目の単純集計やクロス集計レベルでは明らかにされない場合が多い．そこに統計解析的手法の必要性が出てくる．設問項目間の影響度や因果関係を確認し，その満足度の構造を明らかにして，科学的な施策立案・展開へと発展させる．その部分が手法として確立していない場合には，ES 調査は十分機能しないまま終わってしまう．

感覚ではなくデータで語る

　それでは，社員の満足度の現状をどう捉え，次の施策にどう展開していけばいいのだろうか．

　「社員はだれのために働くのかといったら，当然のことながら自分のために働いているんですよね．もちろんその背後には家族のような守るべき人たちがいて，その人たちの生活を支える意味からも，われわれも含めて社員は働く必要があるわけですが」

　三咲がそういうと，「そうですよね．いまどき会社のためにがんばろうなんて，殊勝な心がけの社員はめっきり減りましたからね」と，菊田課長がいった．

　「でも，それは仕方がないことでしょう．最近では，雇用だってどこまで保証してくれているのかわからないという状況ですからね．自分のことは自分で守るしかない．ある意味で，社員の側に自己防衛本能が働いているんですよ」と，ホールディングスの宇野部長がいった．

　「社員は，会社にいることで自分のためになることは何かと常に考えています．だから，そのことを前提にして，社員のモチベーションを引き出すものは何かを探り，それを会社の方針や戦略，具体的な活動に関連づけを行なうことが，現場の管理者やマネジャークラスの仕事となっています．いまこのタイミングで，管理者の役割としてもっとも求められるのがその点だと思っています」

　三咲は，説明を続けた．

　「そしてよく「社員にやる気をもたせよう！」といったスローガン的な発言を耳にしますが，部下のやる気を高めることはそんなに簡単ではない．上司にできるのは，部下がやる気をもっていることに，いくらかの影響を与えることにすぎないのではないか」

　三咲の言葉に対して，ガイア社の小比類巻部長が応えた．

　「だから部下のやる気の志向性に働きかけて，正の方向にエネルギーを向けさせなければならないということですね．それが会社のベクトルと

うまく合えば，本人にとっても会社にとってもハッピーになる」

「うーん，なかなか含蓄のある言い回しだ」と，トリトン社の須藤部長も相槌を打った．

「モチベーションの本質は人的資本，つまりヒューマンキャピタルの育成にあります．そのためには部下が内側に抱えている内発的なモチベーションに働きかけて職場環境を整備したり，仕事上の配慮をしたりする必要がある．それが現場のマネジメントの役割だということですね」

　一同がうなずいた．

「ただ部下の内発的モチベーションというものは，目にみえるものではないから厄介です．そのような職場の雰囲気というか，社員一人ひとりの思いみたいなものをできるだけ可視化してあげることが，実はES調査の存在意義でもあるのです」

　ガイア社の小比類巻部長が三咲に質問してきた．

「確かに社員の意識や価値観を測定することはちょっとむずかしそうですが，この分野や領域に関する調査というのも実は結構，歴史が古いんじゃないですか」

「そうですね．日本の企業でいつ頃からはじめられたか，正確に歴史を紐解いたことはありませんが，以前から，たとえば社員意識調査や組織風土調査，あるいはオピニオンサーベイなんて言い方もあり，いろいろな調査がなされてきています．もちろん最近ではES調査という表現がだいぶ市民権を得てきていますが」

　ガイア社の菊田課長がいった．

「いまこの会社，なんとなく沈滞ムードだよなとか，調査をしてみなくとも会社の雰囲気でわかることがあるじゃないですか．またなんらかの問題が発生している場合にはそれがきっと原因なんだろうと，具体的に調査をしなくともあたりがつく場合もありますよね」

　三咲は大きくうなずいた．

「そうなんです．調査の重要性はそこにあるんです．そのなんとなく感

覚的に感じていることを，データで語ってしまおうというのが，そもそもの ES 調査のスタンスです．何事もただなんとなくそうだでは説得力がない．特に経営マターの話なら，なおのことデータをして語らしめるということでなければ意味がない．経営判断をする場合にも，ES 調査にもとづく客観的なデータがものをいう場合がたくさんあるんです」

　今度は，トリトン社の五味課長が三咲に質問してきた．

「その感覚的なものを数値的な尺度に置き換えたのが，今回のアンケート票の選択肢ということでいいんですよね．その選択肢は総合満足度が 7 段階，個別の満足度が 4 段階ですが，個別満足度が 4 択なのには何か理由があるのですか」

「個別満足度項目のように，具体性が高く，賛否を問う設問の場合には，中間値を排除して 4 段階で答えてもらうほうがよいとの判断からです．真ん中に「ふつう」とか「どちらともいえない」などという選択肢をおくと，かなりの確率で回答がそこに集まってしまう．それを避けるために，「そう思う」のか「思わない」のか，傾向をきちんと出すというねらいがあるんです．これに対して，総合満足度のような抽象度の高い設問については，中間値を設定するパターンが多いわけです」

社員ロイヤルティの高さを知る

　満足しているか否かは，きわめて感覚的な問題で，それを数値化するのはむずかしい．ES 調査の場合には，その心の状態を「非常に満足」から「非常に不満」というようにして捉える．ES 調査を実施する場合には，まずこのトータル的な満足度のレベルを確認する．これを「総合満足度」と呼ぶ．具体的な設問では，「あなたはいま総合的にみてどの程度満足していますか？」という問いかけになる．ES 調査では，これが組織や個人がどの程度満足しているかの代表指標となる．

「トリトン＆ガイア・グループ全体の総合満足度が 7 段階で 4.7 というのは高いほうなんですか．それとも低いのでしょうか」

　集計表を眺めながら，ホールディングスの宇野部長が聞いてきた．

三咲が答えた.

「よくそういう質問をお受けすることがあります. 満足度が何点以上なら合格ラインですかという質問もよく受けます. 正直に申し上げると, 絶対的な基準はありません. ただ貴グループの場合, これまで弊社で実施した過去の調査結果からいえば, 結構高いほうだといえると思います」

　トリトン社の五味課長が, 続いて質問してきた.

「初めてこの手の調査を実施する会社には, どのようなアドバイスをしているのですか」

「まずは中央値, 今回の場合なら7点満点中の4点ですね. これを超えるのを目標にしましょうといいます. 実際, 初回のES調査を実施してトータルスコアが中央値を超えるレベルであれば, ESの状態はまずまずです. これも, これまでの調査の経験則からいえることです. 実際に中央値を下回る会社も結構あります. そのような場合, 個別の満足度項目も含めて, 総じてすべての項目でスコアが低かったりします. だからまずは, 中央値ねらいですね」

「ただグループとしてのトータルスコアがよいからといって安心できませんね. 集計結果をみると, 平均を引き上げているのはガイア社の5.9で, ホールディングスは平均の4.7, トリトン社は3.5と中央値を下回ってもっとも低い結果ですから」と, トリトン社の須藤部長が指摘した.

「そういう見方がとても重要なんです. ES調査結果をみる場合には, 常に全体に対して個別ではどうかという視点が大切です. つまり森をみたら木も見失わない視点ですね. 今回の場合, やはりグループ企業のなかでは, トリトン社になんらかの課題なり問題がありそうです. データがそう示していると解釈していいでしょう」

「なるほど…」と須藤部長.

　三咲は説明を続けた.

「一般的に, 社員の会社に対するロイヤルティ, これは最近では忠誠心ではなく, 愛着心などと訳されることが多くなってきましたが, この社

員ロイヤルティの高さを知る指標として，総合満足度を重視します．平たくいえば，総合満足度が高いということは，社員が自社に愛着を感じている．そしてもうひとつ，社員ロイヤルティにとっての重要指標が勤続意向です．これはもうお気づきかと思いますが，裏を返せば転職意志ですから，ちょっと気をつけなければならない指標です」

「ここも当社の課題だと考えています」と，トリトン社の須藤部長がいった．

「確かにそうですね．今回の質問項目のなかでも「今後ともこの会社で働き続けたいか？」という設問に対して，「そう思う」「まあそう思う」「あまりそう思わない」「そう思わない」の4択で聞きました．グループ全体では「そう思う」「まあそう思う」と答えた層が全体の7割を占める良好な結果となっていますが，トリトン社に関しては「あまりそう思わない」「そう思わない」と答えた層を足してみると全体の5割近くになる．特に明確に「そう思わない」と答えている層が2割いるのは，ちょっと問題かもしれません．他社の事例ですと，たとえばこの質問に続けて，「それでは今後，どの程度勤め続けたいか？」と，具体的な勤続年数を聞く質問を設けたりもしますが，1年程度とか3年程度と答えた層は，やはりその後の調査で確実にやめているといった恐ろしい結果も出ています」

「当社の場合，この調査にもとづいてなんらかの施策を打たないと，とんでもないことになりますね」と須藤部長が神妙な顔つきでいった．

「あとは単純・クロスからだけではみえてこないところもありますから，次回のミーティングで，もう少し統計的な分析や個別項目に突っ込んだ分析をして，また議論しましょう．きょうはこのへんで」

　ミーティングが終了し，三咲が部屋を出てエレベーターホールに向かおうとすると，後ろからトリトン社の須藤部長が追いかけてきた．

「ちょっと三咲さん，いいですか」

　呼び止められるままに，三咲がいった．

「場所を変えて，少しお話ししましょうか？」

不可避になる人事制度改革

　汐留スーパータワーの40階にあるラウンジで2人は腰を下ろした.

「当社の場合，やはり問題山積ですね．これまでの怠慢経営のツケがまわってきたという感じですかね」

　目の前におかれたアイスコーヒーをじっとみつめながら，須藤部長がいった.

「集計結果をみるかぎり，貴社の満足度結果が全般的に低いのは，きょう参加されたメンバー全員が感じていらっしゃることでしょう」

　三咲は，冷静な面持ちで答えた.

「これまで何度も改革を実行しようとアクションをとって，これまた何度も挫折してきていますから，最近では社員たちもかなりしらけているんですよ．今回の経営統合だっておそらく，またか，どうせ失敗するんだろうとタカをくくっている社員も多いと思います」

　須藤部長は，落胆の表情を隠せない.

「質問項目のなかでも経営方針や経営理念に対する共感度，そして人事制度や処遇に対する満足度のスコアがかなり低いですね．やはり人事制度改革は避けて通れないでしょう」

　三咲は，遠くレインボーブリッジを見やりながらそういった.

「これを機会に，制度改革は絶対に成就させたいと思っています．以前からもご相談していましたが，ぜひ次のフェーズは，当社の人事制度改革のお手伝いをお願いします」

「了解しました．でも調査結果に一喜一憂するのも考えものですよ．よく申し上げるのは，ES調査の結果はあくまでも一側面．真摯に受け止める姿勢は重要ですが，過剰反応は禁物です．調査結果に過大に反応することも，逆に過小に評価することもあまり好ましくありません．重要なことは，結果自体を虚心坦懐に受け止めて，善後策を考えるということです」

「わかりました．引き続きよろしくお願いします」

何がみんなのやりがいなのか？

　８月第２週の定例ミーティングには，満足度構造分析の結果やセグメント別分析の結果が議題にかけられた．

「さて，このあたりで社員のモチベーション，つまりやる気ですね．その源泉がどのあたりにあるのかを突き止めておく必要性があるでしょう．これは，個別満足度の高低を縦軸に，総合満足度に対する影響度を横軸においた満足度構造の分析を実施するということです」

　正面のスクリーンに投影されたスライドを指しながら，三咲がいつものように開口一番，説明に入った．

「これを４つの象限で考えた場合，たとえばこのスライドの絵のように，個別の満足度項目の水準が高く，総合満足度への影響度も高いゾーンに位置している項目が現時点でのモチベーションの源泉とみなされます（図表3-1）．この絵では②の象限ですね．一方，総合満足度への影響度が高いにもかかわらず，個別項目の満足度が低いゾーンが「最優先改善課題」となります．この絵のなかでは①の象限ですね．つまりこのゾーンに出てくる項目が社員の満足度を引き上げていくうえで最優先に考慮すべき要改善検討項目ということです」

　メンバーは，みな正面のスクリーンを注視している．

「一方，個別項目の満足度は高いが，総合満足度への影響はそれほどでもない場合には「現状維持項目」となります．この絵では③の象限です．つまりここに出てくる項目群は，とりあえずは現状を維持しておけばよいということです．個別満足度も低く，総合満足度への影響度も低いゾーンは，優先度のもっとも低い項目と判断できます．ここでは④です．ES調査では，経営資源は有限であることを前提に，その限りある資源をどこに重点配分していくか，その意思決定のための戦略ツールであるとわれわれは位置づけています．これらを前提に，今回の調査結果で特徴的なところを志渡のほうから説明させます」

　志渡が席を立ち，次のスライドを示しながら説明をはじめた．

図表3-1●満足度構造の分類

◆満足度構造を4つの象限で分類して分析する

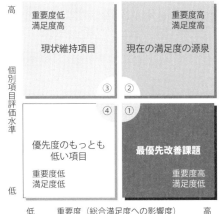

「ここにトリトン社の社員満足度の構造分析結果を示すマトリックス図があります（図表3-2）. 先日のミーティングでも明らかだったように, トリトン社は, グループのなかでももっとも満足度スコアが低い結果となっていました. そこでどのような満足度構造になっているのか, ちょっとトリトン社だけ, 切り出してみました. 先ほどの各象限の分類にもとづけば, トリトン社の社員のモチベーションの源泉は仕事のやりがいということになります. 一方で, この会社で成長できるという実感や報酬レベルの妥当性, 人事評価の公正性, 組織変更などに課題がある. 経営方針に対する共感度にも問題がありそうです. このあたりが最優先改善課題としてあげられるということになります」

「思いあたるふしがだいぶありますね」と, トリトン社の須藤部長が眉間にしわを寄せながらいった.

「このあたりのところをどう改善していくかが, これからのトリトン社のモチベーション戦略にかかわってくるということです」

「よくかりました」

「同じようにして, トリトン＆ガイア全体のものとガイア社単体のマ

図表3-2●トリトン社の社員満足度構造分析結果

◆人事評価，組織変更などは現状評価が低く，満足度への影響が大きい
◆仕事のやりがいについては比較的現状評価が高く，満足度への影響が大きい

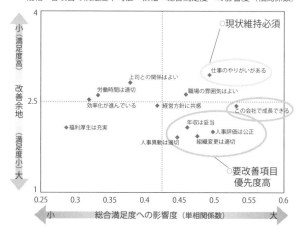

総合満足度維持・改善のための重要項目（一般社員・全体）
縦軸：各項目の満足度平均値×横軸：総合満足度への影響度（相関係数）

トリックス図がありますので，内容をよくとらえておいてください」

　各満足度項目の水準比較や構造分析などを通じて，組織としての全体傾向が把握できたら，次は，組織や回答者属性といったセグメント別にクロス集計を実施して，注目すべき問題が現われた組織や属性を明らかにしていく作業に入る．たとえば総合満足度や報酬水準，仕事のやりがいなどの個別項目も，特定の組織や階層，社員属性に特徴的に現われる傾向もあるので，特に全社と比較して問題となるような場合には，その個別属性の個別項目に限って今後の対策を考えていく．

　今回のケースも，この手順に即した形で分析が進められた．

セグメント別満足度の吟味

　志渡の説明が続く．

「ES調査結果の傾向を分析する際には，所属部門や社員属性といった属性項目と各設問項目とのクロス集計によって，各セグメント，この場合には集計単位の区分のことで，具体的には組織単位や社員属性にもと

ビジネスストーリー3　　Let's ESサーベイ3

づく区分の意味合いで使っていますが，このセグメント別の満足度を明らかにする作業が出てきます．

　これは，たとえば全社平均と比較して特に満足度の低いセグメントはどこかとか，前回調査結果と比較して評価が低下したのはどこかとか，特に組織上，注目すべきセグメントの不満要因は何かを明らかにする際に役に立つものです．所属部門別であれば，それぞれの部門が全体傾向と比較してどんな状況にあるかを知ることができます．社員属性別であれば，それぞれの階層や年齢，勤続年数別にどんな傾向があるか，職種別や男女別ならどうかといった観点から確認することができます」

　経営改革チームの各メンバーは，手元の分析資料に入念に目を通している．ふと気づいたように，ガイア社の菊田課長が発言をした．

「おもしろいですね．職位が上にいくほど満足度が高くなるんですね．部長や事業本部長クラスになると，満足度がかなり高い」

　志渡が答えた．

「そういう傾向は，他社でもよくみられますよ．これまでの調査結果からいえば，上位職位者になればなるほど満足度は高い傾向を示します」

「どんな理由からなんでしょう？」

「上位職位者は，いわば組織上の勝ち組なので，満足度が高まるのはある意味で当然の結果です．だって，会社に認められたから，そこまでの地位にたどりついているわけですよね．また経営層にも近い立場にいるので，経営方針に対する理解度や共感度，経営ビジョンの浸透度についても，高いスコアが出る傾向にあるわけです」

「なるほど」と，菊田課長が納得顔で相槌を打った．

「ここで注意を払わなければならないのが中堅社員層です．仕事上の責任や業務量の集中する層であり，上司と部下との板ばさみに苦しんでいる立場でもあるので，満足度が最悪の結果となるケースも頻繁に観測されるんです．貴社でもこのような傾向はちょっとうかがえます」

「確かにこの層に対する対策は何か考えなければいけませんね．さもな

いと，優秀な人材を不用意に社外に流出させてしまうことにもなりかね
ませんからね」と菊田課長がいった．

　しばらくの間，志渡と菊田課長とのやりとりが続いた．

「社員の満足度を業績貢献度でみるという手法もあるんですよ．私たち
はこれをハイパフォーマー分析と名づけていますが，自分の業績や会社
への貢献度について，「業績はよい」「貢献している」と強く肯定してい
る層を仮にハイパフォーマーと呼んで，その傾向をみるんです」

「そんな視点もあるんですね」

「もちろん本人の主観による回答なので，本当に回答者がハイパフォー
マーかどうかは，調査結果からは特定できません．しかしその会社のな
かでの一定の傾向を観測するには十分役立つ手法だと考えています．会
社によっても異なりますが，通常 10 〜 15% 程度は，自分はハイパフォー
マーだと自己申告する層がいます」

「そんなもんですか」

「業績貢献度で社員層をいくつかに分けて分析すると，結構おもしろい
傾向がみえてきます．たとえば全社的には成果主義に対してあまり肯定
的ではないのに，ハイパフォーマー層だと「成果主義はウェルカムだ」
と回答する．あるいは他の層が仕事に対するやりがいを最優先にあげる
のに，高業績者たちは，いまよりも高い報酬を求めるといった具合です．
このように，それぞれのセグメントの実情を知ることは，各社員層別の
施策立案の重要性を教えてくれます．つまり通り一遍の人事施策では，
ES が抱える現状の課題にきめ細かく対処できないということです」

「あれっ？　フリーアンサーの集計表をみると，すごいのがあるじゃな
いですか．「○○部長のバカヤロー」なんてひどい書き方をしているも
のもある．他社さんでもこんなことがあるんですか」

　トリトン社の五味課長が，驚いたように聞いてきた．

「日頃の不平不満や鬱憤をここぞとばかりに書いてくる人たちもいます
から，上司を中傷するようなものもたまには含まれますね．ただ大切な

のは，そのような突出して特異な内容の記述に目を奪われるのではなく，
全般的傾向として，共通に現われている意見の傾向をマクロ的につかむ
ことです．フリーアンサーは，社員の本音をあぶり出すためには有力な
質問項目ですが，会社の現状や自分の処遇にそこそこ満足している人は，
そもそもフリーアンサーには何も書かない傾向にありますから，フリー
アンサーの内容に辛辣なものが含まれている場合でも，それをもって大
多数の社員の意見としてしまうには問題があると思います」
「なるほど，そんなものなんですね」
　合点がいったという表情で，五味課長がいった．
　その後も，調査結果の内容について改革メンバーの意見交換が続いて
いった．

大地会長への ES 調査報告

　9月も半ばの頃，汐留スーパータワーの30階では，大地会長への ES
調査報告が実施されていた．
「貴グループ全体の社員満足度のスコアは，まずまずの状況にあります
が，そのなかでも課題は，トリトン・アミューズメント社の ES スコア
が全般的に低いことです．経営に対する共感度も自分たちの処遇に対す
る満足度も低い状況にあります．唯一の救いは，現場の社員のみなさん
が自分の仕事に対してやりがいを感じていること，職場の上司や同僚と
の関係もよいことです．
　現状のトリトン社の満足度構造は，経営や自分たちの処遇に対する不
満を仕事へのやりがいや現場での人間関係が下支えしているという構図
です．トリトン社のこの現場力を損なわないようにしながら，経営に対
する信頼の回復と働く社員たちの処遇の改善を実施することが，同社の
経営再生に寄与するものと考えています」
　三咲のプレゼンテーションを静かに聞きながら，大地会長はいった．
「すぐに，トリトン社の人事制度改革に取りかかってください」

集計結果を分析する
全体傾向の把握からCSとの連動まで

ビジネスストーリーのなかでも，登場人物たちがかなり苦労しながら分析を進めていたが，ここでは，集計データをどうやって分析してレポーティングするか，具体的な事例も含めて解説する.

1．データの種類と分析ポイント

まずES調査の分析を進めていくにあたって基本となる4つの分析視点について説明しておこう.

データの種類の基本理解

アンケート調査全般で扱うデータの種類については，最初に基本的な理解が必要になる（図表3-3）.

この理由は2つある. ES調査のアンケートデータが本来的にどのような性質をもつものかを認識するためと，統計ソフトを使用して分析を進める際のデータの種類を定義しておくためだ. 入力するデータのそれぞれについて，それがどのような種類のものなのか，そのうえで，できる分析とできない分析について知識として知っていたほうが役立つからである.

アンケートで使うデータを大別すると2つになる. それが「カテゴリーデータ」と「数量データ」である.

❶カテゴリーデータ

カテゴリーデータは，たとえばアンケート票のなかの「属性」にあた

図表3-3●データの種類

◆データの種類や特徴，使い方を知ることで分析は役立つものになる

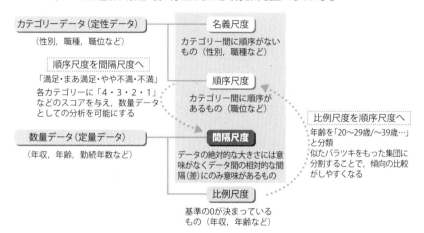

る項目である．性別や職種，職位などはアンケート上では１番が男性，
２番が女性というようにコード化されるが，その１番，２番という番号
自体にはまったく意味がない．このように数値自体に意味のないデータ
をカテゴリーデータという．

　このカテゴリーデータにも２種類ある．ひとつは「名義尺度」．これ
は性別や職種のようにカテゴリー間に序列がないものである．これに対
して，社内職位のようにカテゴリー間に序列があるもの「順序尺度」と
いう．

❷数量データ

　一方，数量データとは，たとえば年収や年齢，勤続年数のように，実
際に数量で定量的に表わすことのできるデータである．これも２つの種
類に分けられる．ひとつは「間隔尺度」で，これはデータの絶対的な大
きさには意味がなく，むしろデータ間の相対的な間隔，つまりその差に
意味がある尺度のことである．もうひとつは「比例尺度」で，これは年
収や年齢など基準値０（ゼロ）が決まっている尺度のことである．

　実際の質問票のなかでは，たとえば「満足」「まあ満足」「やや不満」「不

満」といった順序尺度に，4，3，2，1などのスコアを与えることで，数量データとしての分析を可能にしたり，年齢という比例尺度を「20〜29歳」「30〜39歳」といった形で，似たバラツキをもった集団に分類したりすることで，順序尺度の取り扱いを可能にし，傾向の比較を行なう．

このようにデータの種類やその特徴，取り扱い方を理解することで，データは実際の分析に役立つものとなる．

分析にあたっての留意事項

なおES調査の分析法に入る前に，分析にあたっての留意事項について簡単に触れておく．

第1は，中央値が分析上のポイントとなることである．ビジネスストーリーのなかでもやりとりが行なわれていたが，ES調査の結果についてよく聞かれる質問に，「満足度が何点以上なら合格ラインなのか」というのがある．この種の質問に対しては，絶対的な基準はないがまずは，中央値が目標になるとお答えしている．7点満点なら4点を超えることが目標になる．実際に調査結果をみると，この中央値に達しているかどうかが分析上の重要な分岐点となっていることが多い．

第2は，満足度は相対評価で傾向を捉えることである．たとえば次のような比較がそれである．

・項目間の比較

・社員属性間の比較

・前回調査との比較（2回目以降の調査の場合）

・他社との比較

このうち「他社との比較」については，調査依頼企業からもよく質問を受けるもので，外注業者によっては，他社平均との比較が可能な業者もあるが，他社のデータは母集団が異なる場合が多い．あくまでも目安として捉えたほうが無難である．

第3は，あまり数値にこだわりすぎないことが重要である．これもビジネスストーリーのなかでふれられていたが，ES 調査の結果は，あくまでも一側面を表わしたものである．真摯に受け止める姿勢は何より重要だが，三咲が語っていたように，過剰反応は禁物である．このことをあらかじめ確認しておきたい．

分析ポイントと統計ソフト

　まず分析の内容から解説をはじめよう．
　主な分析手法としては，次の4つがある．ビジネスストーリーのなかでも，調査結果の分析はこの内容にもとづいて進められていた．
　❶全社傾向の把握（単純集計：項目間の比較／時系列比較）
　❷組織別・社員属性別の傾向把握（クロス集計：組織間・属性間比較）
　❸満足度構造の把握（回帰分析：個別要因の重要度を測定）
　❹フリーアンサー分析（定量データの裏づけ・肉づけに活用）
　集計・分析ツールとしては，単純集計，クロス集計なら Excel があればおおよその対応が可能である．しかし集計量が非常に多い場合や満足度構造の把握などの回帰分析を実施する場合には，市販のアンケートソフトや統計ソフトを使うと便利だ．そこで，ここではいくつか統計ソフトを紹介しておこう．市販されて世間に出回っているソフトは非常にたくさん種類があるので，ここであげるのはあくまでその一部である．
　① Excel 統計
　これは，Excel のアドイン型の統計ソフトで，Excel に打ち込んだデータをそのまま Excel 上で分析できるものである．数量データの分析をするのに非常に便利なソフトである．回帰分析だけをしたいという場合にはこれがあると手軽に分析ができる．
　② Excel アンケート太閤
　これは，数量データよりもカテゴリーデータの集計に長けたソフトで，アンケート専用ソフトである．集計だけではなく，データのエントリー

も Excel のシートに直接入力するよりも操作しやすいインターフェースになっている．Excel 上でタイピングミスがあると自動的にはじいてくれるなど，アンケートの集計を行なうには非常に簡単ですぐれたソフトである．さらにこれの便利なところは，Excel と非常に互換性が高いことである．ここで出力した集計結果やグラフをそのまま Excel のシートとして使うことができる．

③ SPSS ／ SAS

これは，統計ソフトの定番ソフトといわれるもので実際，統計の本などを読んでみると，だいたいこの 2 つのどちらかを使った分析例があがっている．統計ソフトのスタンダードで，あらゆる統計解析はこの 2 つのどちらかであれば対応可能である．

それでは，先にあげた 4 つの分析ポイントごとに以下，順に説明していこう．

2．全体の傾向を把握する方法

全体傾向とセグメント別の分析

まず全体傾向の分析は，定量データの単純集計結果から，全社的な満足度の特徴を明らかにすることが目的となる．相対的に評価の高い項目や低い項目は何か，これをもってその会社の組織的な強みや弱みを把握していく．また時系列的な観点で，前回調査から悪化した項目は何か，改善した項目は何かを明らかにする．これは，時系列で調査を実施していくことを前提としている．前回調査から今回調査の間になんらかの人事施策が打たれたとすれば，その結果としての効果検証にも使えるし，逆に新しい課題をここで抽出することで，それをもとに次年度に向けての新しい施策を構築していく．このような目的で，まず全体の傾向を単純集計から分析する．

次に，セグメント別の分析は，属性項目とのクロス集計により，セグ

メント別の傾向を把握する．所属部署や年齢，職位，勤続年数といった社員属性別の満足度の特徴を明らかにすることを目的とする．全社平均と比較して，特に満足度が低いセグメントはどこか，また前回比で評価が低下したセグメントはどこか．そして調査によって明らかになった注目セグメントは何か．そもそも調査をはじめる段階で，特にこの階層，この部門の満足度を明らかにしたいという目的があれば，それについてより詳細な分析を行なっていく．

　以上の２つが満足度の水準を比較する際の分析ポイントである．たとえば社員属性別でみたときは階層や年齢，勤続年数別にみたときは，通常は新人と高齢層の満足度が高くて，真ん中の層がＶ字型を描いて低いなどという傾向が比較的よく出てくる．職位でみると，上位者ほど会社に認められている，それなりの処遇を受けているということで，満足度は高くなる傾向にある．このように満足度の断層となっている階層や世代を発見することがある．これがセグメント分析のポイントである．

満足度指標の比較方法

　では，この満足度指標をどのように比較するのか．一般的な比較方法は「比率」による比較である．たとえば満足度を５段階で聞いたときに，「満足」と「まあ満足」を足した％を満足層の比率に換算し，その比率をセグメント別に比較する．こうすれば，どの組織の何％の人が満足層だというように，だれにでもわかる指標となる．

　しかしここには落とし穴がある．そのわかりやすさが，実は表示しないカテゴリーの情報を欠落させてしまうのだ．つまり「満足」と「まあ満足」を足してしまうことで，非常に満足している層とまあ満足している層の違いがわからなくなる．もっと深刻なのは，たとえば５段階や７段階で満足度や個別項目を聞いた場合に，「満足」が50％だったとしても，残り50％が全員「ふつう」の場合と，全員「不満」の場合とでは大きく異なることがみえなくなってしまう．このように，カテゴリーの

うちの一部の％をみせるのは非常にわかりやすい反面，失う情報も多い．この点は要注意だ．

　一方，4段階や5段階，7段階というスケールで聞く場合，このスケールの情報を総合的にみる指標が「平均値」である．これも「満足」を5点，「まあ満足」を4点というように，「満足」と「まあ満足」の間に差をつけることで，段階別の情報を総合的に集約できる．総合的に高いのか低いのかを比較するときに，非常に便利な指標となる．

　しかしこの平均値にも落とし穴がある．総合力の比較はしやすいが，分布の情報が欠落してしまう．その分布の情報を示したのが図表3-4に示した度数分布グラフである．これは，7段階の総合満足度の回答結果をA事業所とB事業所という2事業所で比較している．平均値を出すと同じ7点満点中4.6点で，中央値が4点なので，とりあえず中央値はクリアしている．

　ではA事業所とB事業所は，同じ満足度といえるのか，同じ組織の状況だと判断できるのか．しかしこれを構成比グラフでみると，同じ平均値でも中身が違うことがわかる．A事業所は，比較的真ん中に寄っている．一方，B事業所は，「ふつう」の1段階上，「やや満足」を中心に正規分布に近い分布の形状を示していて，両端まで回答が広がっている．B事業所は，すごく満足している人もいる半面，すごく不満と感じている人もいる．非常に不満に近い2点ぐらいのところの人が1割いる．平均値だけで比較してしまうと，この情報が欠落してしまう．

　結論的にいえば，このようにもっとも情報量が多い比較方法はグラフになる．図表3-4をご覧いただければ，どの段階にどれぐらいの人が存在しているかが一目でわかる．

　ただしこのグラフにも落とし穴がある．情報量が多すぎることで，例示の2事業所間の比較だと非常にわかりやすいが，たとえば20事業所の100の項目について，すべてこのような度数分布グラフをつくったとしたら，あまりにもグラフが多すぎて，どこからみてよいやら全然わ

図表3-4●満足度の比較にあたっての注意点

◆比率による比較：「満足＋まあ満足」の％→わかりやすいが，表示しないカテゴリーの情報が欠落
◆平均値による比較：「満足→5点　まあ満足→4点…」と換算し平均値を算出→総合力の比較がしやすいが分布（バラツキ）情報が欠落
◆もっとも情報量が多い比較方法は「グラフ」→少なくとも単純集計や総合指標については「グラフ」と「平均値」（あるいは比率）の両面から評価

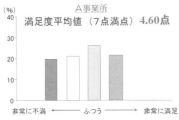

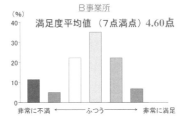

からなくなってしまう．したがってそのような場合は，情報を集約した比率や平均値でみるほうがわかりやすいことになる．少なくとも単純集計レベルや総合満足度といった総合指標は，このグラフと平均値もしくは比率，この両面を必ずみることが重要になってくる．

分析結果のレポーティングの仕方

では，実際にこれをどのような形でレポーティングしていくのか．総合満足度については全体としてどうかという情報と，各属性別にどうなっているかという情報，どちらもグラフでみせることが大切である．

たとえば総合満足度の推移を過去3年間連続でみる場合は，それを図表3-5のように，3年分ともグラフで表示する．図表では2019年を白抜きで示しているが，これをみると2019年はわりと「不満」「やや不満」が多い．これが2020年になると「普通」「まあ満足」のほうにスライドしていって，2020年と2021年に関してはほぼ同じような分布だというのが一目瞭然でわかる．

この総合満足度について，セグメント間で比較したらどうなのか．これには，まず平均値を出してみる．横棒グラフでまず平均値でどこが高くてどこが低いのかのあたりをつける．たとえば図表3-6をみると，囲

図表3-5●総合満足度の経年グラフ例

◆総合満足度を3年連続でみると，2019年は「不満」「やや不満」が多いが，2020年，2021年は「普通」「まあ満足」にスライドしている

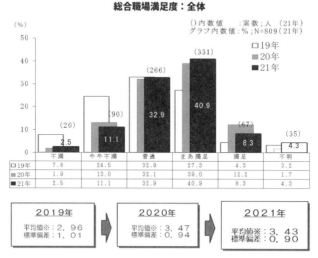

総合職場満足度：全体

※平均値：「不満5点〜満足1点」として算出

みをしている「開発一部」「開発二部」といったところが全体平均と比べて低く下がっている．逆に「生産部」は平均を上回っている．年齢別にみると，20代から30代は比較的平均並みだが，30代を超えると次第に満足度が上がっている傾向がみえる.

　このように平均値でまず，直感的にどこの部門が悪いかよいかというあたりをつけることができる．ただそれで終わらせずに，図表の右に掲げているように，それではよかった「生産部」の内訳はどうなっているのか，逆に「開発一部」「開発二部」の内訳はどうなっているかを構成比グラフで示すとよい.

　このように，少なくとも基本となる総合指標については，グラフでみせるほうがレポートする相手にもわかりやすく，分析する当事者としても分析の切り口をみつけやすいので，まずはグラフにすることをおすすめしたい.

図表3-6●セグメント別総合満足度グラフ例

◆2020年に満足度の高かった「管理部門」「40代以上」「入社1年未満」の満足度が低下し，所属・属性別の格差は縮小傾向にある

◆部門別では生産部で満足度が上昇しており，最高値．一方，満足度が低いのは開発一部（昨年比横ばい）と開発二部（大幅減）

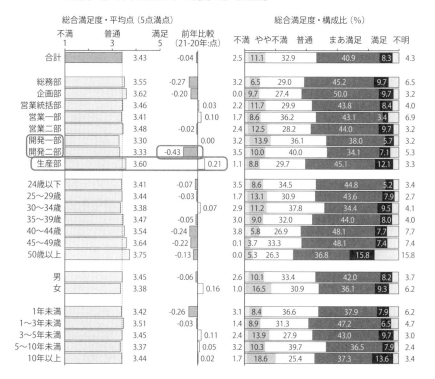

　次は，具体的な個別項目である．個別項目は，単純に集計レベルであれば，これも構成比でみせるのがいちばんわかりやすい．

　たとえば仕事のやりがいは高く，給与水準についても非常に満足度が高いとしよう．一方，評価や処遇面は低いとしよう．それをグラフ化すれば，部門間のコミュニケーションや仕事のやりがいは非常に高いが，その進め方，仕事量や能率，仕事範囲の明確さなどは，やりがいに比べると満足度が低い．あとは部門間のコミュニケーションと合わせて，タイムリーな「報連相」や他の職場との協力，部門間の協力体制に問題が

ありそうだというあたりが一目で把握できる.

　視点を変えて時系列比較でみる場合は, 時系列で高かった項目, 改善された項目と悪化した項目をそれぞれピックアップして昇順・降順で並べてみる. たとえば対前年比20%の落ち込みになっているのが「会社への愛着」で, 非常に危機的状況にある. 一方, 上がっている項目をみると「規律やマナーが守られている」だったとしよう. ここから想定されることは, どうも管理がきびしくなって, 会社に対する愛着心が徐々に薄れているのではないかということである.

　個別の項目について, さらに社員属性や部門別に集計を行なってみる. 比較するセグメント数が多くなると, これをすべて構成比グラフにしたらかなり大変になる. したがってそうした場合は平均値や比率にして, その平均値が全社平均からどれだけ上回っているか, あるいは下回っているかの差分をみることで, 問題のありそうな部門, 職位を明らかにしていく. そして平均値から一定のポイント以上下回っているものを白抜きにして, 逆に上回っているところを薄い網掛けにして識別する. そのような見せ方をすることで, 全般的にどの部門がよく, どの部門が悪いかがわかる. 総合満足度が低いセグメントをみたときに, では個別ではどこが平均より大きく下回っているかを横にみるわけである.

3. 項目の重要度を測定する方法

　ここまでの説明は水準, つまり満足度の量的な把握をし, 比較をすることだった. 問題になりそうな項目やセグメントはわかった. それでは何から着手すべきか, モチベーションの源泉はどこにあるのか. その優先順位をつける第三の分析手法が, 満足度構造分析である.

「満足度構造分析」の考え方

　図表3-7のマトリックスをご覧いただきたい. 縦軸は, 個別項目の評価水準が高いか低いか. これに横軸の重要度という視点を加えることで,

図表3-7●満足度構造分析

◆満足度の量的な把握や比較だけでなく，統計的手法を用いることでより重要な課題の優先順位づけが可能になる
◆総合指標（総合満足度など）と相関の高い個別要因を洗い出し，優先度の高い重要課題として設定

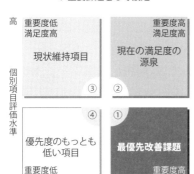

重要度の把握方法

1. 直接的に測定する方法（各個別項目について重視「重視する〜重視しない」を段階評価で質問）

2. 間接的に測定する方法（総合満足度に対する各個別評価の影響度を測定）

間接的な測定方法のほうが本音を引き出しやすい
・直接的に聞いたほうがわかりやすいが，総じて「重視」に偏りがちで個人差がつきにくく，質問票も2倍必要
・無意識の優先度を把握するには間接手法が有効

重点的に着手すべき優先課題が明らかになってくる．このマトリックスのなかで優先順位をつけると，まず第1に改善が必要とされるのは右下の「重要度高・満足度低」の象限である．重要であるにもかかわらず，いま満足度が低い．この項目があるために，全体の総合満足度が大きく下がっている可能性があるということだ．

　次に重要なのが右上の「重要度高・満足度高」の象限である．重要度が高く，かつ現在満足度が高い項目．これはつまり，この項目に満足しているからこそ，現在の満足度水準が保たれているという項目である．逆にいえば，この項目がもし今後，下がってしまった場合は，一気に全体的な満足度も下がってしまう危険性がある．したがってここは少なくとも現状は必ず維持しなければならないという意味で，2番目に重要なセグメントになる．

　それでは，この横軸の重要度をどうやって把握するのか．図表3-7の右にあるように，重要度をアンケートで把握するには大きく分けて2つの方法がある．

まず第1に，直接重要度を聞いてしまう方法がある．これは，各個別の項目について，満足度と同じようにたとえば「重視する」「まあ重視する」「あまり重視しない」「重視しない」というように，4段階で並列に聞いてしまう方法である．これは非常にわかりやすく，出てきた結果をみれば，「この項目は8割の人が重視している」「5割の人があまり重視していない」というように，だれにでもわかる指標となる．

　しかし直接的に重視度を聞くという方法には問題がある．まず物理的な問題でいうと，質問票が2倍必要になる．ひとつの項目について，満足度と重視度をダブルで聞くことになるので，結果的に回答者も2倍の量の満足度項目に回答しなければならなくなる．そしてもっと根本的な問題は，直接的に聞くと本音で回答してもらえないことである．「満足」という尺度ならば比較的本音をそのまま答えてもらえるが，「重視するかどうか」という聞き方にすると，自分が本当に重視しているかどうかよりも，この項目は重視していると回答すべきか否かという判断が働いてしまう．たとえば年収や報酬水準について重視するかどうかを4段階で回答するよういわれたとき，「重視しない」などと回答したら，賃下げの材料に使われてしまうのではないかと無意識に思ってしまう．

　このように，直接的に重視度を聞いてしまうと，個人の主観的な判断よりも常識にもとづいたり，質問者の意図を勘ぐったりして，回答を先走ってしてしまう可能性がある．その結果，非常にあたり前の常識的な重視度の傾向が出てしまう．これが直接的に測定する方法のデメリットである．

　やはりこのような構造を分解する場合には，間接的に重要度を把握する第2のやり方が重要になる．つまり総合満足度に対する各個別評価の影響度を測定するということだ．これは，ある項目について「満足」と答えると，総合満足度も高くなる．逆に，その項目について「不満」と答えると，総合満足度も低くなるという傾向が非常に強い指標をみつけ出すということである．

ビジネスストーリー3　　Let's ESサーベイ3

図表3-8●重要度の直接・間接測定

◆「提案力」は直接的に重視するかと聞くとそれほど高くないが，総合満足度でみると高い影響度がみられる
◆無意識下でここが充足されると，総合満足度が高くなる

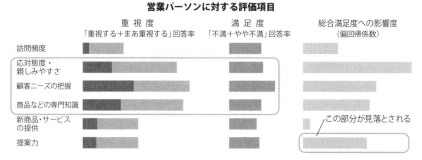

営業パーソンに対する評価項目

	重 視 度 「重視する＋まあ重視する」回答率	満 足 度 「不満＋やや不満」回答率	総合満足度への影響度 （偏回帰係数）
訪問頻度			
応対態度・親しみやすさ			
顧客ニーズの把握			
商品などの専門知識			
新商品・サービスの提供			この部分が見落とされる
提案力			

　図表3 - 8は，ESではなくてCSの例だが，重要度を直接的に聞いた場合，間接的に聞いた場合の例である．営業パーソンに対する評価について，６つほどあげた評価項目についてそれぞれ重視度と満足度を聞いた．「営業パーソンの営業行動で何を重視するか」という設問で，「応対態度・親しみやすさ」「顧客ニーズの把握」「商品などの専門知識」といったものを高い比率で重視しているという回答になっている．これを満足度と合わせて比較すると結局，不満が大きい項目を重視している傾向の強いことがわかる．いま不満と感じているから，それを重視していると書くことで，企業側が経営努力をするのではないかという判断が無意識に働く可能性があるわけである．

　同じ項目について，今度は営業パーソンの総合満足度に対する影響度についてみたところ，違う傾向が出た．応対態度，顧客ニーズ，専門知識は影響度をみても高い結果が出ている．やはり重要指標に間違いない．しかしいちばん下に「提案力」という指標があるが，これを直接的に重視するかと聞くと，それほど高い回答率は返ってきていないが，影響度でみると顧客ニーズの把握や専門知識並みの影響度がみられる．つまり提案力に対する満足度が高まると，総合満足度も高まるという傾向が出るのである．

集計結果を分析する

141

実際にそれを重視するかと直接，聞かれると，「いや別に」と感覚的に思ってしまうが，実は無意識下でここが充足されると，総合満足度全体が引き上げられる．隠れた重要指標ということなのだ．このような潜在的な意識下での重要項目を抽出するには，やはり直接的に聞くよりも，総合満足度への影響度というものを算出することで，より正確な実態がつかめるということである．

個別項目の影響度の求め方

　それでは，この影響度はどう求めればよいのか．

　ここまで説明したように，総合満足度に対して，たとえば仕事や職場，上司や評価といった個別の項目がどの程度，影響を与えているのか．ここでいう総合満足度とは，結局，結果にあたるわけだ．このような個別項目の結果として総合満足度は構成される．この「目的変数」（結果）と「説明変数」（原因）にあたる個別項目の両者を結ぶ関係式を明らかにする分析を回帰分析という．

　説明変数が1個の場合を単回帰，複数にわたる場合を重回帰という．ES調査では，総合満足度という目的変数に対して複数の個別項目の影響度をみるので，重回帰分析を行なうことになる．図表3-9に数式のイメージを示したが，この回帰式を明らかにするのが重回帰分析となる．

　$Y = aX_1 + bX_2 + cX_3 + \cdots d$（定数項）という式のYが目的変数，$X_1$，$X_2$，$X_3$にあたるのが，それぞれ仕事のやりがいや職場の雰囲気，上司との関係といった説明変数になる．そしてそれぞれの説明変数にかかる係数を算出するのが重回帰分析である．つまり図表中のa，b，cそれぞれの偏回帰係数の大きさをみることで，それぞれの説明変数が目的変数に与える影響度がわかることになる．

　この偏回帰係数は，目的変数に与える向きと大きさを表わす係数で，これがマイナスになっていればマイナスに効いてしまうし，プラスになればその項目が上がることで目的変数も高まるという正の相関がみられ

図表3-9●影響度の求め方：重回帰分析の例

◆重回帰分析とは，ある目的変数（結果）と説明変数（原因）とを結ぶ関係式を明らかにする分析
◆目的変数（結果）は総合職場満足度，説明変数（原因）は個別項目（仕事・職場・上司・評価など）

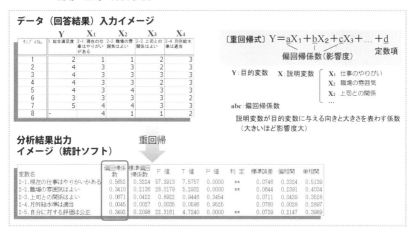

データ（回答結果）入力イメージ

〔重回帰式〕 $Y = aX_1 + bX_2 + cX_3 + \ldots + d$

偏回帰係数（影響度）　定数項

Y：目的変数　　X：説明変数　　X_1：仕事のやりがい
X_2：職場の雰囲気
X_3：上司との関係
…

abc：偏回帰係数

説明変数が目的変数に与える向きと大きさを表わす係数
（大きいほど影響度大）

分析結果出力イメージ（統計ソフト）　重回帰

変数名	偏回帰係数	標準偏回帰係数	F値	T値	P値	判定	標準誤差	偏相関	単相関
2-1.現在の仕事はやりがいがある	0.5652	0.3224	57.3913	7.5757	0.0000	**	0.0746	0.3324	0.5139
2-2.職場の雰囲気はよい	0.3410	0.2136	28.0179	5.2932	0.0000	**	0.0644	0.2391	0.4034
2-3.上司との関係はよい	0.0971	0.0422	0.8922	0.9446	0.3454		0.0711	0.0439	0.3528
2-4.月例給水準は適当	0.0045	0.0027	0.0035	0.0596	0.9525		0.0780	0.0028	0.2897
2-5.自分に対する評価は公正	0.3492	0.2098	22.3161	4.7240	0.0000	**	0.0739	0.2147	0.3989

る．あとは絶対値だが，絶対値が大きければ大きいほど，説明変数が目的変数に与えるインパクトは大きくなる．

　重回帰分析は統計ソフトを使うと非常に簡単に出力できる．しかし重回帰分析にも条件があって，一定のサンプル数，少なくとも100，理想的には200は必要になる．サンプル数が少ないと，あまり意味のある回帰式が出てこなくなる．正確な影響度を出す場合には，一定以上のサンプルを取得することが必要になる．したがって重回帰分析をする際には，あまり細かいセグメントでやるのではなく，まずは全社という大きなサンプルで実施する．

　さらにもうひとつ条件がある．それは使用する説明変数の数である．あまり多くの質問を一度に説明変数として代入すると，エラーが起きてあまり使える係数が出てこない．一般的に使う説明変数の数は10未満にとどめるべきだと思われる．

　代表項目の抽出の仕方にもいろいろある．たとえば因子分析や主成分

分析などの統計手法を駆使して，質問項目を統計的に似た者同士にまとめ，新しい変数をつくるという手法がある．自動的に似ているもの同士をまとめて新しい変数をつくり，それと総合指標との相関をみるというやり方である．しかしこのやり方は少しわかりにくい．分析者がわかっていても，最終的にこれを経営層に説明する際，手法の説明から入らなければならなくなる．したがってここは統計的な正確さよりも，わかりやすさを優先し，代表的な質問項目をピックアップして，それと総合満足度の相関をみるというやり方のほうがおすすめである．

　このような結果をもとにグラフ化したのが**図表3-10**である．縦軸に各項目の満足度，つまり満足と回答した人の比率をとって，横軸に標準偏回帰係数の大きさ，平たくいえば影響度をとっている．これでみると，

図表3-10●重回帰分析による個別項目の優先順位づけ

◆「仕事のやりがい」は，満足度への影響が大きく，現状評価も高い総合満足度を支える要因（モチベーションの源泉）
◆「職場の雰囲気」は，満足度の低い部課においては総合満足度を大きく引き下げる要因
◆「評価の公平性」は，満足度への影響が大きいにもかかわらず，現状評価は低い
◆「ノウハウ共有」は，現状評価は低いが，満足度への影響は小さい

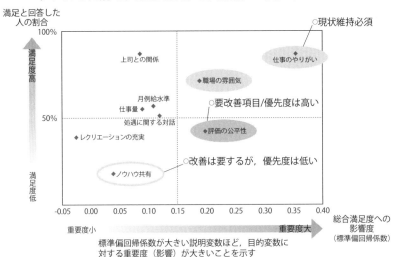

ビジネスストーリー3　　Let's ESサーベイ3

たとえば「仕事のやりがい」は重要度が大きく，かつ満足度も高い．つまり現状の総合満足度を支える非常に大事な要因，「現状維持必須」の項目であることがわかる．

　一方，相対的に満足度が低いにもかかわらず，重要度が大きい項目というと，「評価の公平性」である．これについては「要改善項目」として設定し，優先的に解決すべき課題ということになる．逆に「レクリエーションの充実」「ノウハウ共有」といったあたりは，現状評価は低いが，満足度に与える影響も同じように低いので，ここに一生懸命資源を投入して満足度を高めても，全体の満足度に与えるインパクトはそれほど大きくない．優先順位としては，評価の公平性の見直しよりもやや低い項目であることがこのようにマッピングから明らかになる．

4．社員特性による分析法

　ここまでの議論で，優先すべき項目はわかった．では次は，だれの満足度を上げることが重要かという議論に移ろう．マーケティングでいえば，ターゲットの問題である．

　昨今では，「コア人材」といった概念もだいぶ普及してきている．しかし一方，経営者や人事担当者には，「単に不満や愚痴をいっている社員の満足度を上げて，居心地よくしてどうするんだ」という偽らざる思いもあるだろう．そこで重要となるのは，だれの満足度をまず上げたいのかという観点を戦略的にもつことである．つまり仕事に対する意識や会社へのロイヤルティなどをもとに社員をタイプ分類し，その注目すべき重要セグメントについて，満足度を上げるための要因，現在の不満の構造といったものを詳細に検討する．それによって課題の優先順位と取り組むべき対象の優先順位が決まってくる．

　ここでいう重要セグメントとは，勤続意向が非常に低く，いまにも会社をやめそうな人たちが，いったいどういう不満の構造を抱えているのか，逆にハイパフォーマー（高業績者）やコア人材の定着率を高めるた

めにはどうするか．またたとえば，サービスマインドや顧客志向性の高い人たちが現場にどの程度いて，その人たちが現在どの程度会社に対して満足しているのかなど，この分析を行なうことで，多面的な ES 調査の分析が可能になってくる．以下，いくつかの社員特性分析例を示す．

ハイパフォーマー分析

まず重点をおくべき人材の特定の事例として，ハイパフォーマー分析の例をあげておく．

ハイパフォーマー分析といっても，特別の分析手法を用いるわけではない．ES 調査のなかで，「他の人と比べて自分の業績はよいほうである」という質問を入れておくだけである．この質問に対して，「そう思う」と強く肯定回答した人たちを便宜上，ハイパフォーマーと定義して，他の層の人たちと比較分析する．

この項目についていろいろとみると，「業績はよいですか？」と聞かれて「まあそう思う」と答える程度の人では，あまり他の層と差がない．「あまりそう思わない」と回答した人と，「まあそう思う」と回答した人の傾向の差というのはあまりみられない．しかし「自分は業績がよい」と断言している人たちは，やはり他の層と違う動きを示している．本来は，実際の個人業績とリンクさせればより正確なハイパフォーマー分析ができるが，あくまで ES 調査は匿名が前提なので，自己申告形式で，コア人材の特徴を分析する手法を用いる．

図表3-11 をみると，「「そう思う」と答えた回答結果の濃い網かけのところ」がハイパフォーマーの得点が非常に高く，全般的に他の層よりも肯定的な意見が多くなっている．特に仕事のやりがいに関する項目では全体平均を大きく上回って高得点となっている．やはりハイパフォーマーにおいては，仕事に対する高い意識と高い業績という好循環が起きている傾向がみられる．

しかし，逆に評価がきびしいところは，自分が高い業績を上げている

ビジネスストーリー3　　Let's ESサーベイ3

図表3-11●ハイパフォーマー分析例（満足度）

◆ハイパフォーマー（「他の人と比べて業績はよいほうである」＝そう思う）は，ほとんどの項目で他の層の平均値を上回っており，特に仕事のやりがいに関する項目での高得点が顕著

◆ハイパフォーマーにおいては仕事に対する高い意識と高業績との好循環が生じている

問1-2i 人と比べて業績はよいほうである	合計	そう思う	思まあそう	思あまりそうない	ないそう思わ
ハイパフォーマー	527	53	207	217	50
1Q1 総合的な満足度	4.58	4.80	4.78	4.56	3.94
1Q2a 現在の仕事はやりがいがある	3.25	3.70	3.33	3.18	2.86
1Q2b 担当・分担が明らか	3.04	3.62	3.10	2.94	2.67
1Q2c 適度な仕事量	2.58	2.79	2.67	2.54	2.08
1Q2d 品質は満足できるレベル	2.77	3.30	2.90	2.62	2.31
1Q2e 社会的認知度・ステイタスが高い	2.69	3.36	2.77	2.56	2.27
1Q2f 十分な権限が与えられている	2.86	3.32	2.84	2.85	2.56
1Q2g 能力が仕事に活かされている	2.93	3.64	3.10	2.73	2.43
1Q2h 社会や顧客の役に立っている	3.03	3.68	3.16	2.83	2.68
1Q2i 業績は他の人と比べてよいほう	2.50	—			
1Q2j 数値以外の目標がある	3.14	3.75	3.15	3.07	2.74
1Q3a 雰囲気・人間関係はよい	2.58	2.87	2.58	2.57	2.40
1Q3b 所属の部室の雰囲気はよい	2.80	2.96	2.80	2.81	2.66
1Q3c 上司との関係はよい	2.97	3.13	3.02	2.94	2.74
1Q3d 同僚との関係はよい	3.11	3.26	3.11	3.11	3.04
1Q3e 部下との関係はよい	3.04	3.36	3.07	2.98	2.86
1Q3f 尊敬できる人物がいる	2.90	2.89	2.95	2.89	2.74
1Q3g 意見具申できる雰囲気がある	2.87	3.09	2.92	2.83	2.67
1Q3h 上司・同僚・部下の助けがある	2.96	2.88	3.01	2.96	2.86
1Q3i 経営陣は職責を全うしている	2.35	2.21	2.36	2.48	2.19
1Q3j 部室長は職責を全うしている	2.76	2.62	2.71	2.83	2.76
1Q3k PLは職責を全うしている	2.89	2.81	2.89	2.93	2.86
1Q3l 部下は職責を全うしている	3.01	3.06	3.01	2.99	3.05
1Q3m 部下・後輩に支えられている	2.92	3.02	2.95	2.85	2.98

問1-2i 人と比べて業績はよいほうである	合計	そう思う	思まあそう	思あまりそうない	ないそう思わ
ハイパフォーマー	527	53	207	217	50
1Q3n 部門間連携はうまくいっている	2.12	2.26	2.17	2.10	1.84
1Q3o ノウハウ共有はうまくいっている	1.89	2.06	1.98	1.82	1.65
1Q3p 性別関係なく働ける雰囲気	2.96	3.09	3.02	2.87	3.00
1Q3q 自由が尊重されている	3.15	3.26	3.13	3.13	3.28
1Q3r ESが重視されている	2.28	2.60	2.35	2.21	1.96
1Q3s 規律やマナーが守られている	2.60	2.72	2.60	2.59	2.64
1Q4a 会社にいることで成長できる	2.87	3.11	2.90	2.88	2.56
1Q4b 教育・人材育成に力を入れている	2.02	2.15	2.16	1.95	1.66
1Q4c 熱心に指導育成してくれる	2.52	2.38	2.57	2.55	2.29
1Q4d 将来的な姿がイメージできる	2.27	2.83	2.38	2.16	1.82
1Q4e 3年前と比べて成長した	3.05	3.51	3.18	2.92	2.62
1Q5a 人事評価は公平で納得できる	2.50	2.58	2.53	2.49	2.42
1Q5b 人事評価の基準と体系が明確	2.46	2.54	2.45	2.47	2.49
1Q5c 仕事のやり方・姿勢も重視	2.27	2.44	2.38	2.24	1.89
1Q5d 人事評価の結果がオープン	2.40	2.55	2.39	2.42	2.32
1Q5e 目標が明確	2.71	3.08	2.70	2.69	2.49
1Q5f 目標レベルは適切	2.50	2.70	2.60	2.43	2.17
1Q6a 処遇は適切	2.79	2.74	2.74	2.88	2.76
1Q6b 処遇で上司と対話できている	2.52	2.60	2.56	2.52	2.27
1Q6c 昇級・職務転換の基準が明確	2.16	2.17	2.18	2.18	2.00
1Q6d 処遇は成果や努力が反映	2.52	2.58	2.54	2.54	2.31
1Q6e 処遇は公平	2.47	2.38	2.43	2.55	2.47

ハイパフォーマー層の得点が全社平均を下回るもの

ハイパフォーマー得点が全社平均を0.5以上上回るもの

という自負もあるのか，上位職の職責の達成度と自分の処遇についての項目は，他の層を若干ながら下回っている傾向がみられる．自分のパフォーマンスに対して正当な処遇を受けていないという不満を抱き，自分に自信があるぶん，他の人にもきびしくなっている．特に上位職の職責達成度には非常にきびしい見方をしている傾向が見受けられる．

さらに顕著なのが成果主義に対する考え方である．図表3-12 に示すように，他の層とは異なる顕著な傾向が出ている．成果主義について賛成か反対かを聞くと，一般的にはやや否定的な意見が多いが，ハイパフォーマーに関してみると，成果主義に対しては圧倒的に肯定的な意見が多い．

図表3-12●ハイパフォーマー分析例（人事制度）

◆ハイパフォーマーは基本的に成果主義について他の層に比べ非常に肯定的にとらえている
◆特に業績連動報酬部分ウエートをいまより高めるべきとの意見が強く，人材育成についても内部育成に対する懐疑的な見方が他の層に比べ強い

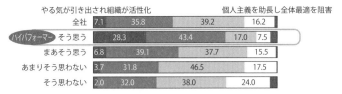

成果主義の影響について

やる気が引き出され組織が活性化 ／ 個人主義を助長し全体最適を阻害

全社	7.1	35.8	39.2	16.2
ハイパフォーマー そう思う	28.3	43.4	17.0	7.5
まあそう思う	6.8	39.1	37.7	15.5
あまりそう思わない	3.7	31.8	46.5	17.5
そう思わない	2.0	32.0	38.0	24.0

業績連動報酬部分のウエートについて

業績配分を高めるべき ／ 定性評価配分を高めるべき

全社	7.8	33.6	47.8	8.4
ハイパフォーマー そう思う	24.5	41.5	26.4	3.8
まあそう思う	10.1	34.3	44.9	9.2
あまりそう思わない	2.3	32.3	56.2	7.8
そう思わない	6.0	30.0	44.0	14.0

人材の内部育成について

内部育成はやめるべき ／ 内部育成に力を入れるべき

全社	6.0	17.7	46.5	28.7
ハイパフォーマー そう思う	13.2	34.0	20.8	28.3
まあそう思う	5.3	17.4	48.8	28.0
あまりそう思わない	4.1	15.7	51.6	28.1
そう思わない	10.0	10.0	40.0	40.0

業績連動報酬部分のウエートについても，業績配分をより高めるべきだ
という回答が他の層を大きく上回っている．

　また人材の内部育成についても，「内部育成に力を入れるべき」「内部
育成はやめて外部調達するべき」のどちらに近いかの質問に関して，ハ
イパフォーマーの場合，内部育成をやめるべきだという回答が他の層を
大きく上回る結果となっている．個人の労務管理についても，会社が積
極的に取り組むよりは自己責任で管理すべき，福利厚生についてもそれ
を充実させるよりは報酬に回すべきだという意見が他の層に比べて圧倒
的に高い．

　これらの人たちは，かなり独立独歩的な意識をもっていて，自分は市
場価値のある人間だと自信をもっている人材群なので，この層の満足度
を下げてしまうと，他社に流出してしまう危険性がある．会社としてつ
なぎ止めておきたい人材はどういうニーズをもっているか，そういう視
点での分析を行なうことが重要となってくる．

CHAID による影響度分析

　図表3-13に紹介するのは，分析の切り口というよりは手法の紹介であ
る．これは, CHAID (Chi-squared Automatic Interaction Detector；チェイド)
という分析手法を使った特性分析の例である．CHAIDとは，ある目的
変数について，影響度の大きいカテゴリーから順にクロス集計を繰り返
して，母集団を類似した集団にセグメントしていく統計手法で，非常に
わかりやすい便利なデータマイニングの手法である．デシジョンツリー
分析，樹形図とも呼ばれ，統計的に影響の強い順に変数が枝分かれする
形になる．この図表の一番上のボックスが目的変数となる．

　この分析は今後，勤めたい年数，つまり勤続年数を目的変数として希
望する勤続年数が低い人，高い人の違いがどこにあるかを探るために行
なったものである．勤続意向を目的変数として，残りのさまざまな満足
度項目を説明変数とし，膨大なクロス集計を自動的に行なう．いちばん

図表3-13●CHAID分析例（定着化）

◆今後の勤続意向は，会社に将来性を感じているかどうかにまず一番に依存する

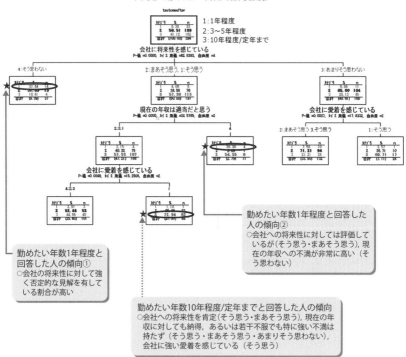

CHAID（チェイド）による社員の特性分析
（今後，勤めたい年数回答内容別）

差がある，つまり勤続意向と関係のあるカテゴリーから，次々と母集団を分割していく．ここでは，上のほうにある項目ほど重要な項目ということになる．

　図表をみると，勤続意向にもっとも関係のある項目は，会社の将来性で，会社に将来性を感じているか否かが，いちばん勤続年数に影響が強くなっている．将来性を感じていないと回答した場合，あと１年程度でやめてしまうと回答した人の比率が平均と比べて非常に高くなっている．将来性についてわりと中庸な意見を述べている人についても，自分

の現在の年収に対しては不満だと回答した人たちは，やはり勤続意向が低くなる.

　それでは，逆に勤続意向が高い人たちはどういう人たちかをみると，将来性もそこそこ，現在の自分の年収に対してもほぼ満足している，少なくとも強い不満は感じていない人，さらに会社に対して愛着を感じている，会社に対する感情的な思い入れがある人たちは，定年まで勤めたいという比率が非常に高くなっている.

　このように CHAID 分析によって，いろいろとある変数を構造化して，目的変数にいちばん影響のある要因を自動的に抽出し，さらにもっとも勤続意向の高い人たちの特徴，逆に低い人たちの特徴を割り出すことができる.

モチベーション・タイプ別分析

　次は，社員の働く意欲別にタイプ分類をして，そのなかでどういうモチベーションのタイプをもっている人たちを重点的にリテイン（引き止め）していくべきかという分析を行なった例である．これは ES 調査のなかで，「仕事を通じて達成したいことは何か？」という質問に対する回答結果をもとに，社員をタイプ分類したものである.

　図表 3-14 は，一般に「バブル・チャート」（bubble chart）といわれるものだが，ここに描かれている丸の大きさが，全社員に占めるそれぞれのタイプの構成比になっている.

　これをみると，この事例の会社の場合には，顧客の信頼や自分自身の社会的なプレゼンスの向上，自分自身の専門知識の向上といったところの丸が大きい．つまり顧客の信頼を獲得したり，自分の価値を上げたりすることが仕事のやりがいの源泉になっている人たちが非常に多い．一方，会社やチームの業績を高めることや報酬額がやりがいの源泉になっている人たちの構成比は，比較的小さい．これは，おそらく会社によってまったく違う構成比になってくる.

図表3-14●モチベーション・タイプ別の分析例

◆働く意欲別にタイプ分類をしてやる気の源泉を探る

社員のモチベーション・タイプ分類

モチベーション・タイプ別：やりがい×業績

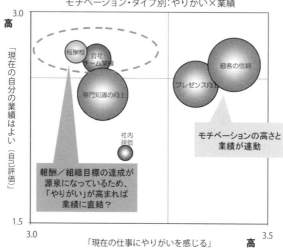

モチベーション・タイプ別：やりがい×ロイヤルティ

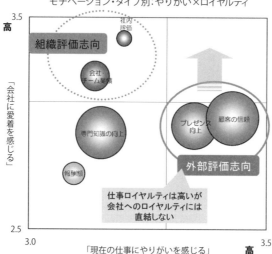

ビジネスストーリー 3   Let's ESサーベイ 3

やりがいを感じていて，また会社にどの程度愛着を感じて，どの程度ロイヤリティをもっているのかを確認してみよう．

　下段の図をみると，顧客志向性の高い人たちや，自身のプレゼンス向上を仕事のやりがいの源泉にしている人たちは，現在の仕事そのものには非常にやりがいを感じているが，会社に対する愛着がほかの層に比べて低い．サービス業などでは，このような顧客志向性の高い人材が非常に戦力になるため，会社としては手厚く処遇しなければならない人たちである．しかしそのような顧客志向性の高い人たちが仮にいま，会社にロイヤリティを感じられないのであれば，やはりこの人たちのモチベーションの向上を優先的に考えていく必要性が出てくる．

　もちろんこのようなタイプ分類をしたときに，会社としてどのタイプの人たちの満足度を上げたいのかは，経営方針によっても違ってくる．しかし，たとえば職位や年齢といった目にみえる軸だけではなく，ここで例示したモチベーションの源泉というような心理的・価値観的なタイプ分類でほかのタイプとの比較をしたり，相関を測るという観点もひとつ重要になってくる．

5．フリーアンサーの分析法

　ここまで紹介したのは定量分析の事例だが，ここで４つの分析ポイントの最後，定性分析であるフリーアンサー分析の説明をしておこう．

フリーアンサーの活用方法

　定量分析と両輪でみなければいけないのが定性データである．フリーアンサー分析にとって大切なことは，調査データの集計が済んだら，まず一度，全部に目を通すことである．実際に記入した社員数やフリーアンサーの記入率，一人あたりの記入量によっては実際には膨大な作業となる場合もあるが，まずは一度，全部に目を通すことが必要である．

　このなかでもし重大な指摘事項，たとえば不正の告発といった緊急性

の高い指摘があれば，早急に対処する．記入だけさせておいてなんのアクションもしない「聞き逃げ」や「放置」は，不満の最悪の対処法である．まずは一読して，緊急性の高いものには速やかに対処することが肝要である．

　一度，目を通せば現在，不満の強い人たちが抱えている問題がなんとなくわかってくるし，そのうえで定量データの結果を再確認すると，その背景についての理解度や考察度も格段に違ってくる．

　ただしあまりこの内容に振り回されないことも必要である．フリーアンサーは，不満を強くもっている人が記入する可能性がかなり高い．「人事はよくやっている」とか，「会社はとてもいい」というような肯定的な意見を書く人はほとんどいない．社内のだれかを名指しで非難するようなコメントも実際には出てくる．だから記述内容にあまり一喜一憂しないことも重要だ．

　実際，フリーアンサーは，回答者全員が書くとは限らない．これまでの調査の経験からいっても，おおよそ3～4割程度が記入し，6～7割は白紙で戻ってくるというのが普通である．記入率が限られているということからも，定量データとは異なり，それが代表性のある意見とは限らないことを，必ず念頭において読んでいく必要がある．また記入は，組織風土によっても異なってくる．トップダウン型の組織だと，回答率は非常に高いが，フリーアンサーはほとんど記入されていないということが多く，逆にオープンな社風だとフリーアンサーの記入率が高く，かつ建設的な内容が非常に多い．

　このフリーアンサーはどのように活用すべきか．回答は，どういった意見が多いか少ないかという観点ではなく，以下の3つの視点にもとづいて分析することが肝要だ．

❶新たな課題を発見する

　事前の仮説をもとにつくられた定量項目ではカバーしきれないような新しい課題，気づかなかった問題を発見するツールとして使う．

❷定量データの傍証・補完として使う

定量データで高かった項目，低かった項目について，それはいったいどういうことを示しているのかを定性データで裏づける．

❸改善施策立案のヒントとして使う

フリーアンサーで上がってきた具体的な課題や定量データでみられるような満足度の低い項目を改善するためのヒントが，回答のなかに隠されていることがある．

フリーアンサーの分析方法

図表3-15に，フリーアンサー分析のイメージを示した．

フリーアンサーを入力する際には，データシートに同じフォーマットで入力し，たとえばサンプルナンバー，他の回答結果，年齢や性別や勤続年数のコードナンバー，所属などと同じ行に回答者が回答したフリーアンサーを入力する．そうすることで，必要に応じて属性別や満足度別に並び替えが可能となり，不満層の特徴やある特定の部門や階層の特徴をわかりやすく整理された状態でみることができるようになる．また内容を確認して，新しくコードをつける．内容に応じたコードを振ることで，より立体的な分析が可能となる．

記入されている内容が単に不満なのか，それとも改善してほしいという要望なのか，あるいは前向きな提案なのか．最初から聞く時点で項目欄を分けてしまう方法もある．たとえばひとつの欄で全部記入してもらった場合は，内容を確認して3つに分類することで，課題や施策立案のヒントに活用することがやりやすくなる．

テーマ別に分類する際にも都合がよい．つまり満足度を構成する要因別に，仕事に関する話なのか，職場の雰囲気に関することなのか，評価に関する話なのかというように，テーマ別に各フリーアンサーのセルの横にコードをつけることで，定量データの裏づけとして使うことが可能になる．

図表3-15●フリーアンサーの分析例

◆他の設問と同じシート（Excel）に入力し，必要に応じて属性別・満足度別
　の並び替えが可能な形態にしておくと有効
◆所属部門別／階層別に並び替え，各セグメントごとの特徴を把握
◆記入目的別（不満or要望or提案）に並び替えて課題・施策立案のヒントに
◆テーマ別（満足度構成要因）に並び替えて定量データの裏づけとして活用

アンケNO.	年齢	性別	勤続年数	所属	改善すべき点
2	2	1	3	営業部	評価が公平でない（数値化するのには無理有）
6	4	1	4	管理部	指示や施策が形骸化しているように感じます．よい職場づくりは形骸化した施策では，実現できません．部下，上司が本音で言い合える環境づくりこそ大切であると考えます
10	2	1	3	営業部	適切な人員配置がなされていない（仕事量の少ない部署に人が配属されている）
13	5	1	5	営業部	管理職者に対し，第三者機関による「適性試験」を実施し，客観的に判断すべき
21	7	1	5	営業部	上司の指示や決定が曖昧．上司の指示や決定が朝令暮改
22				営業部	社員が夜中の1時or2時と残業する日々が続くのは問題だと思います
24	2	1	2	管理部	トラブルなどが起きても，その内容を事前に知っていないため，対応が遅れがち
25	3	1	5	管理部	自分の仕事を考えること（時間をあげたい）．だれが，何をすればよいのか．仕事の切りわけをしてあげたい．いつまでも何でも屋である必要はないと考える．軸となる考え方，技術を中心に仕事ができればよいですね
26	5	1	3	開発部	マネジャーの権限があまりにもなさすぎる
27	3	1	4	管理部	業務の標準化（マニュアル化）

　ある会社では，経営方針の徹底度に対する社員満足度が非常に低かった．定量データのなかから経営方針の徹底と相関が強い項目は何かをみると，やはり経営思想が社員に早く理解されて実行されるとか，気持ちがひとつになっているというような経営に関する項目と相関が高い一方で，人事評価の公平性とこの経営方針の徹底度が比較的相関が高かった．

　これをフリーアンサーでみたところ，経営方針に関する不満は，「経営方針がそもそも伝わらない」「経営陣の意思が不統一である」「現場感覚が欠如している」といった形で読み取れた．そのなかで「経営陣の意思不統一」が，それぞれの事業部長の部下に対する評価が不均一で不公平感となり，結果として社員の士気に影響しているところに出てきていた．つまり事業部間のセクショナリズムがかなり強く，評価制度に関し

ビジネスストーリー3　　Let's ESサーベイ3

ても，制度そのものは各事業部で一律なのだが，運用が事業部によって
バラバラだった．このあたりが人事評価の公平性と経営方針に対する不
満との相関という形で，ひとつの原因として読み取れた．さらにそれぞ
れの不満について，前向きな改善策を書いたフリーアンサーを整理すれ
ば，たとえばこういう課題がある，ではその課題に関してどのような方
向で改善をはかっていくべきかというヒントを一覧で示すことができる
のである．

　このように，定量分析と裏づけて，さらにフリーアンサーのなかでも
課題とそれに対する改善の方向性というように構造化してみることで，
フリーアンサーはより立体的な情報として位置づけることができる．

6．ESとCSの連動性検証

　ES調査の調査手法は，ES調査の枠内にとどまるものではない．次に
紹介するのは，ES調査の枠を超えて，ES以外の指標とES調査との結
果を組み合わせることで，より課題の優先順位づけや人事施策の方向性
が明確になるという分析事例である．

ES と業績との連動性

　まず図表3-16は，ESと業績との相関をみたもので，複数の営業拠点
について，横軸に業績，縦軸にESをプロットしたものである．

　この図表のなかでもっとも重視すべきはD象限にある「業績・満足
度ともに低い」拠点である．これは，低いESが低い業績を招き，さら
にその低い業績がさらにESの低下につながるという負のスパイラルに
陥っている問題拠点だと判断できる．このDについては，まず総合満
足度を上げることで，Bの象限にもっていき，最終的にはAのほうにス
ライドさせていくという方向性を検討していく必要がある．

　もうひとつ重要なのが，C象限である．Cはいま現在，「業績はよい
が満足度は低い」というセグメントである．ここはプロフィットセンター

図表3-16●ESと業績との連動例

◆ESを他の経営指標を組み合わせて分析することで，課題の優先順位づけや
　人事施策の方向性が明確になる

各営業拠点の総合満足度と業績との関係

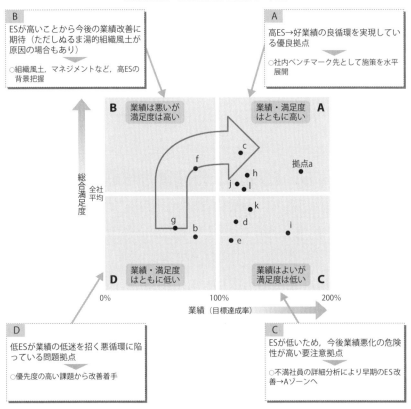

B
ESが高いことから今後の業績改善に
期待（ただしぬるま湯的組織風土が
原因の場合もあり）
○組織風土，マネジメントなど，高ESの
　背景把握

A
高ES→好業績の良循環を実現してい
る優良拠点
○社内ベンチマーク先として施策を水平
　展開

B　業績は悪いが満足度は高い

A　業績・満足度はともに高い

D　業績・満足度はともに低い

C　業績はよいが満足度は低い

総合満足度

全社平均

0%　　　　100%　　　　200%
業績（目標達成率）

拠点a
c
f
h
j　l
k
g　b
d
e
i

D
低ESが業績の低迷を招く悪循環に陥
っている問題拠点
○優先度の高い課題から改善着手

C
ESが低いため，今後業績悪化の危険
性が高い要注意拠点
○不満社員の詳細分析により早期のES改
　善→Aゾーンへ

※ただし，業績については市場環境の違いなどさまざまな要因があり，ESはあくまでその１つとして捉えること．

ビジネスストーリー3　　Let's ESサーベイ3

になっているが，ES が低いため，社員のモチベーションが今後，低下していくと，遅行指標として業績の悪化という現象が出てくる可能性がある．したがって C に関しては，不満社員を詳細に分析することで早期に ES を改善し，A ゾーンにもっていく必要がある．

このように業績との連動をみることで，どこの組織や部門から優先的に着手すべきかという順位づけを行なうことができる．

ここで注意すべきは，業績は，ES 以外にもさまざまな要因が複雑に絡むものなので，単純に ES だけで説明できるものではないということである．担当しているエリアが一緒だとか，やっている仕事の内容がほぼ一緒であるとか，市場環境がほぼ同じで同じ土俵で闘っている部門や部署というような条件の場合には，比較的意味のあるものとなる．このように，同じ市場環境のなかの比較で，優先すべき組織および優先すべき改善課題を抽出することができる．

ES と CS との連動性

もうひとつ，ES 以外の指標との比較ということで，CS との連動をご覧いただこう．

すでに述べたように，ES は CS の先行指標である．特にサービス業や職種でいえば店頭に出ている販売員，営業パーソンのような顧客接点が大きい業種や職種においては，ES 調査を顧客満足度の向上に向けての取り組みとして位置づけることで，企業価値の向上にもつながる有効な指標としてとらえることが可能となる．

図表 3-17 は，CS と ES を両面から観測した企業事例である．あるサービス業で，3 年間連続で CS と ES の両方を観測した．左側が 1 年目の CS・ES の各拠点のポジショニングである．これが 3 年間にわたる調査の結果で，右のようにポジショニングが変化した．つまり毎年毎年の CS・ES の結果から，新しい課題をみつけ出し，それに対して的確に施策を打っていった結果，CS は少なくとも 3 年の間に全営業拠点で向上

図表3-17●ESとCSの連動例

◆ESはCS（顧客満足度）の先行指標となる
◆とくに顧客接点が大きい業種・職種においては，ES調査を顧客満足の向上
　に向けての取り組みとして位置づけ，両面から観測していくことが有効

サービス業におけるCSとESの関係

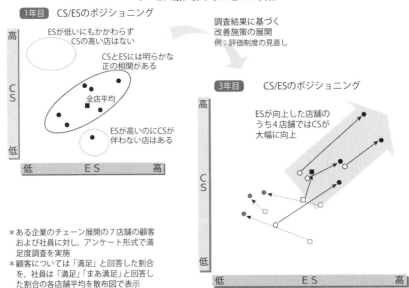

＊ある企業のチェーン展開の7店舗の顧客
　および社員に対し，アンケート形式で満
　足度調査を実施
＊顧客については「満足」と回答した割合
　を，社員は「満足」「まあ満足」と回答し
　た割合の各店舗平均を散布図で表示

した．

　これをESとの関係でみると，全拠点でCSは上がっているが，特に
ES改善度の大きかった拠点は4店舗あった．このES改善度の高かった
4店舗では，CSの改善度が非常に高かった．もちろんCSが改善したの
は，顧客接点に立っている社員以外の要因も考えられるが，現場に立っ
ている人たちのESが高まったことで，やはりCSも格段に改善するこ
とができたということが，この3年目のポジショニングでいえるのでは
ないかと思われる．ESとCSは，やはり連動性をもつものなのである．

ビジネスストーリー3　　　Let's ESサーベイ3

ビジネス
ストーリー

Let's ES
サーベイ

4章

聖域にメスを入れろ

20XX 年 10 月 1 日, ガイア社とトリトン社は当初の予定どおり経営統合を実現し, トリトン & ガイア・グループが正式発足した. 経済紙には, 見開き 2 ページを使って, 経営統合の広告が大々的に打たれた.

人事制度改革スタート！

「…したがって, 貴社における今後の課題は, これまでの経営に対する社員の不信感を払拭し, 経営に対する共感度を上げるために最善の努力をしていくことが重要かと思われます」

晴海にあるアクアスクエア 25 階の役員会議室では, トリトン社の役員全員を前にして三咲がプレゼンしている最中だった.

「そのためにも, グループを挙げた社員満足経営を名実ともに実践し, グループ・シナジーの発揮とグループ価値創造の実現に注力すべきです」

三咲の目の前では, トリトン・アミューズメント代表取締役社長の水上憲二氏が静かに話を聞いている. 水上社長は, かつて自らが開発リーダーを務めたゲームソフト「ギャラクシー・ウォーズ」のメガヒットで勇名を馳せ, 30 代半ばで取締役に就任. 昨年 6 月には 42 歳の若さでトリトン社の代表取締役に抜擢されていた.

時代の風を敏感に感じとるトップクリエーターとしてのセンスは抜群のものをもっていた. 三咲と同い年であることも, 三咲にとっては好感のもてる大きな理由だった.

「そうですか, ぼくと同い年ですか. それなら改革を実行していくにも一緒に進めやすいですね. とても心強いです」

水上社長も好意的に，三咲に対してそういってくれていた．
「経営改革の手始めとして，まずは開発部門の人事制度を抜本的に変え
ていきます．その後，全社への展開に発展させていきたいと考えていま
す」
　三咲は，開発部門の当面の制度改革スケジュールを説明した．
「開発部門は，当社の心臓部．この部門の再生なくして当社の再生はあ
りえないと考えています．そのためには，これまでのぬるま湯的にすぎ
た部門の体質を改善し，健全な成果主義が機能する組織風土に改めたい
と思います．もう今後，一切の甘えの構図は許しません」
　水上社長も，毅然として態度で今回の改革に対する意気込みを語って
くれた．
‥‥‥‥‥‥
　10月の半ば，早速，トリトン社の人事部門のスタッフに開発部門の
キーパーソンを加えたキックオフ・ミーティングが開催された．三咲の
ほうから，改めて人事制度改革の主旨が説明されていた．
　同席しているのは，アポロ・コンサルティングのコンサルタント・
中迫啓である．トリトン社人事部からは須藤部長と五味課長，それに開
発本部管理部長の桜庭健太氏が加わり，これに人事部スタッフの丸藤
晶 氏と北斗紅子氏の計5名が参加した．
「これから正式に開発部門の人事制度改革をスタートします．プロジェ
クトの発足にあたり，まず開発部門の部長クラスをコアメンバーとする
プロジェクトチームの組成をお願いします．制度改革のための基本検討
やロードマップの策定については，この人事部メンバーを中心とする制
度改革検討チームが主導で実施しますが，形になった制度原案について
は，開発部門の部長クラスを中心とするプロジェクトチームで審議する
形をとりたいと思います」
　三咲は，プロジェクト体制に関する資料を示しながら，説明を加えて
いった．

「さしあたり開発部門の現行人事制度に関する諸資料・諸規程，それに給与関連データのご提供をお願いします．早速，現状分析に入りたいと思います」

　コンサルタントの中迫が，当面の分析に必要とされる資料やデータの提供を依頼した．

「制度改革のための検討期間は6ヵ月．20X1年4月には新人事制度の本格導入をはかりたいと思います」

　三咲が最後を締めくくった．

第1回目のチーム検討会

　それから数日後，開発部門の部長クラスを集めた第1回目のプロジェクトチーム検討会が開催された．集まった部長クラスのメンバーは20名．ここでも三咲のプロジェクト主旨説明が行なわれていた．

「これまでの貴社開発部門の現状は，優秀なゲーム・クリエーターを多数擁しながら，その人材の有効活用という点では，深刻な課題を抱えていたことは否めません．現在貴社は，新グループとしての経営統合を機に，新たな方向性を切り開く必要性に迫られています．開発部門の再生のためには，同部門社員の人事・処遇面での抜本的な改革が不可避の状況にあります．

　これを機に，成果・実力主義をキーコンセプトとした改革に踏み出し，開発部門の復活をテコとした経営再生を実現させるべきだと思います．われわれも微力ながらお手伝いさせていただこうと考えています」

「主旨はよくわかりました．開発本部としても全面協力しますので，ぜひ社員が会社の未来を確信できるような新しい人事・処遇制度を構築していただきたいと思います」

　執行役員開発本部長であり，エグゼクティブ・チーフクリエーターの肩書きをもつ本田延彦氏が静かにそういった．

「当面，各部門のキーパーソン対象に，それぞれの部門の現状把握と業務内容の理解，新制度への要望事項の確認のために，個別にインタビュー

をお願いしたいと思います．インビュー対象者の人選とインタビュー・スケジュールの調整をお願いします」と三咲がいうと，本田氏は，「わかりました」と答えた．

「どうせまた失敗するんだろ！」

10月の下旬から11月初旬にかけて，部長クラスと開発プロジェクトを担当しているマネジャー・クラスを集中的に40名程度のインタビューをすることになった．毎日，1人1時間から1時間半程度，業務実態の把握と人事制度に対する意見や要望を確認するために実施する．三咲のスケジュール表は向こう2週間程度が，連日，トリトン社のインタビュー予定でいっぱいになった．当面のプロジェクト・スケジュールでは，11月下旬には，新しい人事制度のグランドデザインを水上社長に提案しなければならないことになっている．

実際に，トリトン社規模の会社の制度を6ヵ月でつくり上げるのは，結構しんどい作業だった．穏健かつ少数派組織だとはいえ，労働組合も存在していたため，グランドデザイン提示のあとの制度詳細設計フェーズでは，会社側への提案と同時並行的に組合にも説明をして了解を得る必要があったからである．ムダな時間はまったくなかった．

「連日，大変ですね」

トリトン社開発本部の桜庭管理部長が，インタビュールームに待機している三咲と中迫に声をかけてきた．

「いやあ仕事ですから，この程度は大丈夫ですよ．それに仕事柄，慣れてもいますしね」

三咲は笑ってみせた．

実際，三咲は，大きな組織の人事制度改革の場合，職務インタビューだけで1ヵ月連続ということもざらに経験してきた．またそれを詳細な基準書や定義書に整理する作業が入ってくれば，それだけで3〜4ヵ月は費やされることになる．社員の処遇の基盤を整備するには，それくらいの時間と労力がかかるものなのだ．しかし今回の場合は，スケジュー

ル的にもタイトなため，ひととおりインタビューしたら，人事関連の諸
規程・諸資料と給与関連データの分析結果を踏まえて，大局的に制度の
方向性を結論づける必要性がある．だから，急ぎの作業なのだ．
「次は藤田マネジャーですが，もう部屋に呼んでもいいですか？」
　桜庭部長が三咲に確認してきた．
「どうぞ，おいでいただくようにお話しください」
　桜庭部長は，インタビュールームのドアを閉め，部屋を立ち去っていっ
た．

　　　　　　　　　　・・・・・・・・・・・・

「三咲さん，藤田マネジャーなんですが…」
　中迫が，低い声で三咲に耳打ちしてきた．
「どうやら，なかなかの曲者のようですよ」
「どうして？」
「開発者の処遇には一家言もっているみたいですし，相当アクの強い人
物だともっぱらの噂で」
「へえ，そうなんだ」
　２人が話しているところへ，当の開発プロジェクト統括マネジャーの
藤田弘至が入ってきた．
「今回のインタビューの主旨は，人事部からもお聞き及びのことと思い
ますが今般，開発部門の人事制度の見直しを担当させていただくことに
なりまして」
　三咲がインタビューの冒頭の主旨説明をはじめたが，どうも藤田マネ
ジャーの反応がおかしいことにすぐ気づいた．
「……」
　藤田マネジャーは，無言のまま何も答えようとはしない．
「何かご意見，おありでしょうか」
　中迫がおそるおそる聞いてみると，「あんたら，うちの会社のこと，
どの程度知っているんだい？」と聞いてきた．

「貴グループについては、すでにガイア社の人事制度改革を担当させていただいていて、その関係で、今回は貴社も担当することになりました。いまは開発本部の業務内容を理解するためにキーパーソンの方々にインタビューさせていただいてまして…」

　中迫が、またおそるおそる答えた。

「ふう〜ん」

　藤田マネジャーは、少し薄笑いを浮かべると、「どうせまた失敗するんだろ！」と、吐き捨てるようにいった。

「うちの会社は、これまでも、もう何度も人事制度を変えようとしてきたんだ。そのたびに失敗してきたんだよ。こんなインタビュー、もう3回も受けたよ。なんなら、以前のコンサル会社のときにつくったインタビュー議事録、みせてやろうか。毎回、同じことをいわされる身にもなってくれよ」

　藤田氏は、少しむっとした表情でそういった。

「これまでの経緯は、われわれもうかがっています。しかし今回は、われわれが担当させていただく以上、失敗はありえません。だから、われわれを信頼してご協力いただけませんか？」

　どこの会社にもこの手の社員はいるものだと、三咲は思った。しかし、過去の度重なる失敗の同じ轍をまた踏むわけには絶対にいかない。気を引き締めてかからねばならないことも、よく承知していた。

「だいたいうちの人事は、開発現場なんかにロクに足も運んじゃこないんだよ。そんなことで、現場の実情を反映した制度なんてできるはずがない。失敗して当然さ。毎回毎回、外部のコンサルタントに多額のコンサル・フィーを払って、まったく成果が上がらないんじゃ、金をドブに捨てているようなもんじゃないか。え⁉そうは思いませんか？」

　確かにアクの強い人物だが、彼のいっていることにも一理はあった。これまでの人事部門の外部コンサルタントの選定基準に問題があったことも否定はできないだろう。

「まあ，そうおっしゃらずに，ここはわれわれに協力していただけませんか．その何度か失敗した苦い経験も，今回のプロジェクトではひとつの糧として，活かしていきましょうよ．水上社長のメッセージにもあったように，今回は会社も本当に本気ですし，われわれも全面協力しますから，ぜひ制度改革を成功させましょう」

　三咲の説得に，藤田マネジャーも少し態度を軟化させてきた．

「私だって，いい会社やいい職場にしていくことには賛成なんですよ．ただ，こうも何度も無責任なことをされては，疑心暗鬼にだってなるでしょう」

「だから，一つひとつ失敗の芽を摘み取っていくような丁寧な手法で，今回はアプローチしていきませんか？」と，三咲はいった．

人事バブルへの素直な反省

「人事コンサル・バブルの後遺症だね…」

　トリトン社から六本木タウンズのオフィスに戻る地下鉄のなかで，三咲は溜息まじりに中迫にいった．

「トリトン社のような例って最近，ほかでも増えてきていますよね」

　中迫も，うなずくようにいった．

　ちょうど，成果主義人事制度改革がブームになった頃，業界では，いわゆる人事コンサル・バブルが起きた．そのおかげで当時，三咲たちの仕事もかなりの繁忙をきわめた．しかしいいことばかりとは限らない．この時期，粗製乱造的に人事コンサルタントがつくられたからである．

　コンサル会社も，人事の実務経験など皆無に等しい人材まで平気で人事コンサルタントに仕立て上げていたのだから，コンサルティングの質が落ちても仕方がない状況だった．この時期，コンサルタント人材の流動化もかなり進んだが，失敗プロジェクトも実際に増えた．「コンピテンシー」や「パフォーマンス・マネジメント」といったコンセプト偏重の人事コンサル・スタイルが横行していた時期でもある．

　名を聞けばだれでも知っている著名企業が，とある人事コンサル

ビジネスストーリー4　　Let's ESサーベイ4

ファームに依頼した契約金が，複数年契約で数億円にものぼる法外な価格設定だったという事例もあった.

この話には，「とうとうそこまできたか」と，さすがに同業者の三咲も驚いた. と同時に，ますますエスカレートしていく人事コンサル・フィーバーに一抹の不安を禁じえなかったのである.

「そのツケが，最近出てきているね」と三咲.

仕事の絶対量に比べ，有能な人事コンサルタントの絶対数が明らかに不足していたのだから，仕方のないことだった. 人事コンサル領域の拡大とともに，いつの間にか人事コンサルタントと称する者の数は顕著に増加していた.

当時，三咲が聞いた話では，人事や人材教育関係の専門誌を扱っている編集部宛に，若手人事コンサルタントが「エンプロイヤビリティってなんですか」とか，「成果主義を導入した企業事例を教えてください」などとぬけぬけと質問してくるケースが増えたという. これには，「由々しき事態であると同時に言語道断の行為だ！」と，三咲も憤慨したものだった.

確かにコンサルタントといえども生身の人間. けっして全知全能の神様ではない. 知らないことも当然ある. しかし，仮にも特定分野での専門家を表明している立場の者が，クライアントや第三者に対して，当該専門領域に関して「知らない」「わからない」「教えてください」などというセリフは口が裂けてもいうべきではない. これは，ある意味でコンサルタントとしての孤高のプライドであり，強烈な倫理観だ.

しかし，先の若手コンサルタントの事例が如実に物語っているように，人事コンサル・バブルとともに，にわか人事コンサルタントや似非人事コンサルタントが市場を跋扈するようになってしまったのである. 彼らは所属ファームが提供する出来合いのコンピテンシーモデルやパフォーマンスモデルを売り歩き，「これが時代の最先端」などと相手の企業の実情も考慮しないままうそぶいていたのだ.

「でも，さながら神のみえざる手に導かれるように，コンサル・フィーも，市場における価格調整メカニズムが働いて，適正な均衡点をみいだすようになってきていますよね」と中迫．

　確かにあれから時は流れ，人事コンサル・バブルも沈静化した．一時期高騰していたコンサル・フィーも，昨今では下落傾向にある．似非人事コンサルタントもだいぶ淘汰されてきた．しかし忙しさは一時期ほどではなくなったが，企業に人事という機能が存在する限り，人事テーマのコンサルティングが皆無になることはない．むしろこれからは，人事コンサルティングのクオリティがきびしく問われる時代に突入するだろう．もはやアマチュアでは通用しない．筋金入りのプロフェッショナル人事コンサルタントが求められる時代となっていく．三咲は，自戒を込めて，いまはそう思っている．

　本当の意味でのコンサルタントとは，透徹したプロフェッショナリズムとショーマンシップに裏打ちされた者でなければならない．どんなコンサルテーマであるにせよ，特定の課題に対するプロブレム・ソルビング，問題解決がコンサルタントの本分だ．この部分での付加価値創出力がコンサルタントの力量といえる．これはまず間違いない．しかし，コンサルタントも人の子でありけっして万能ではない．したがって企業の担当もこの点に留意してコンサルタントとの付き合い方を工夫する必要はある．

「この仕事，失敗は許されないね」と，三咲は，決意の表情を示した．

改革，軌道に乗る

　しかし，案ずるより産むは易しだった．実際にインタビューを進めていくと，現場サイドの理解や協力は比較的得やすい環境にあることが次第に明らかになってきたからである．最初に毒づいてきた藤田マネジャーも，三咲たちの熱意にほだされたのか，次第に胸襟を開くようになってきた．

「いやあ，こんな感じで制度改革に取り組めることを実は望んでいたん

ビジネスストーリー4　　Let's ESサーベイ4

ですよ」と，開発部門の社員もごくごく好意的に接してくれるようになった．みんな，現状に対する危機感や強烈な問題意識をもっていたのだが，度重なる改革の失敗に疑心暗鬼になっていたのだ．その不安が払拭されたいま，プロジェクトは軌道に乗ってきたと判断できた．

　プロジェクト開始後2ヵ月して，新制度のグランドデザインに関する報告会がもたれた．いつものように，三咲が手元の報告書をもとにプレゼンを行なっている．

「貴社開発部門の新しい制度の構築にあたり，部長やマネジャー，一般社員も含む約70名の方にインタビューし，人事関連の諸資料や諸規程および給与データの分析結果から得られたことをこれからご説明します」

　三咲の目の前には，水上社長や本田執行役員が並んで座っている．その他のトリトン社側のプロジェクト・メンバー20名が注目している．

「まずインタビュー結果から得られた事実をまとめると，以下のとおりです．人事制度全般に対していえることは，社員の現行制度に対する不信感がかなり強いということです．よく話を聞いてみると，部門によって開発プロジェクトの体制や人事制度の運用実態に違いが出ています．また組織風土的には，全体的にいってぬるい体質にあり，社員のみなさんは，信賞必罰を基本とした人事制度を期待しています」

　会場に集まった参加メンバーは，報告書の細部に注意を払いながら，三咲の報告に耳を傾けている．

「資格制度については，資格と組織上の役職やプロジェクト上の肩書き呼称との柔軟な対応関係を希望しています．また昇格基準が明確でないことにかなり不満を抱いています．評価制度については，現状年5回の評価回数の削減，つまり昇給や昇格，賞与のための評価回数が多すぎると現場は受け止めています．人事評価を正しく運用することによって，真の管理職の育成が必要と考えている方も多数見受けられました．報酬制度については現在，開発者の能力レベルに応じて支払われている能力

給が，これまでの現場での不適切な運用によって，その意味合いがかなり歪められていることに問題意識をおもちの社員が多くいました．能力というよりも過去のいきさつから賃金水準が不当に高くなってしまっている社員への対応が必要だと思われます．これは，過去に実施された部門の再編や分社化の際に行なわれた給与水準の調整によって，結果的に実際の能力レベル以上に高い賃金を受け取っている社員がいると，社員のみなさんが認識しているということですね．

これらを受けて，会社のキャリアパスに対する問題意識としては，部門の特性も反映して，もっと専門性の高い社員を処遇できる資格体系とする．そして現在はかなり硬直的な感じのする人事異動ですが，部門・部署間の人材の流動性を高めていく．そして会社が求める人材像をもっと明確化していく必要があります」

複線型の処遇制度へ

少し間をおいて，三咲はまた続けた．

「これらのインタビュー結果や現状分析，貴社人事部門との打ち合わせから導き出された新制度の方向性は，次のとおりです．

まず人事制度の基軸をこれまでのような能力志向でありながら，結果的に年功運用に堕していた点を改め，仕事における役割に価値をおく制度とする．したがって社員を処遇する資格制度も，年功や勤続をベースとした相対序列ではなく，役割と専門性に対応した資格体系とする．これは，つまりは複線型の処遇制度の導入ということになります．現在，想定している複線型のキャリアパスとしては，マネジメント職とプロフェッショナル職の2系統を設定するという案です．

評価制度については，現行の評価基準をさらに新資格と職種特性に応じて詳細設計し，大変不評な評価回数については簡素化をはかる．これはもう年に2回でよいのではないかと考えています．開発者の個々のパフォーマンスをはかる意味でも，目標管理制度の正式な導入は必須だと考えています．

ビジネスストーリー4　　Let's ESサーベイ4

報酬制度については，なんといっても現在，青天井で昇給を許してしまっている賃金テーブルに歯止めをつくります．つまり昇給テーブルの上限を設けるということです．それと能力給の名目で実際には年功給と化している基本給体系に評価結果を反映して給与を決定する．いわば評価給的な仕組みを導入するつもりです．賞与については，部門や個人の成果・業績を反映できるものとし，短期業績結果の反映要素を強く打ち出したものにします．ここで目標管理の仕組みがきちんと機能するかどうかがひとつの大きなポイントとなってきます．

　最後に，昇・降格の基準を明確に設定し今後，信賞必罰を徹底させるということです．これによってもたらされるメリットは，役割と報酬との連動性が高まり，開発部門の社員にとってキャリア選択の幅が広がります．また評価基準が明らかとなり，評価と報酬との連動性がより明確化されるというところです」

　三咲の説明が終わると，参加メンバーからいくつか質問が出された．その内容は，ほとんどが評価に関するものだった．多くは，目標管理がはたして本当に機能するかということと，お題目のようにいつも語られる公正かつ納得性の高い評価というものがはたして本当に実現できるかということだった．

「その点については，どこの会社でもある意味で永遠のテーマです．簡潔にお答えすれば，目標管理については，目標設定のためのスキルをどれだけ磨けるかということ，公正かつ納得性の高い評価の実現のためには，評価者の評価スキルを徹底して向上させること．この2点に尽きます．そのための定期的・継続的な努力をどれだけ実践できるかということです．人事評価の適正運用は，いずこの企業にとっても永遠のテーマといえるでしょう」

　三咲が答えると，参加メンバーは一様に納得した表情になった．

「やはり課題は山積ですね．それではこの方向性でぜひよろしくお願いします」

最後に，水上社長がそういった．

制度の詳細設計フェーズに移ると，開発部門の各職場から，ゲーム開発を担当しているディレクターやデザイナー，プログラマーやサウンド担当などそれぞれの職種の代表者が集められ，評価基準の検討のための分科会が立ち上げられた．この分科会のなかで，制度の詳細つくり込みのための具体的な作業が開始された．

新制度の導入に成功，次は…

それからの4ヵ月間は比較的順調にプロジェクトが進行していった．人事部と三咲たちとの定例ミーティングも月に2回開催された．そのなかで懸案事項が検討され，作業の進捗状況の確認も進んでいった．

開発部門の場合，労働組合に所属する組合員がごく一部だったため，組合との交渉に多くの時間と労力を割かずに済んだことも，新制度のスムーズな導入には幸いした．新人事制度導入プロジェクトのコアメンバー以外に，できるだけ多くの一般社員を巻き込んで制度構築を進めていけたことも，現場の理解を深め協力を得られた大きな要因だったと，三咲は考えた．

「今回は，だいぶ短期間で，しかも半ば力ずくでプロジェクトを進めてきた感がありますが，新制度の構築の場合には，本来なら実際の導入までの助走期間をできるだけ長く取ったほうがいいんですよ．現状分析から制度の方向性の提示，そして実際に制度の詳細設計を実施していく期間をできるだけ長くする．もちろん長くといっても限度がありますから，せいぜい1年程度でしょうけどね」

定例ミーティングの席で，三咲はそう説明した．

「この間に，組織を上げて事前学習するんです．だいたい人事制度を一新すると聞けば，現場サイドの最初の反応はネガティブです．そりゃあそうですよね．自分たちのこれからの処遇がどうなってしまうのか，その時点ではまだはっきりしないわけですから．いたずらに疑心暗鬼となり，変な噂が飛びかったり，批判めいた発言が飛び出したりするものな

ビジネスストーリー4   Let's ESサーベイ4

のです．だから，できるだけ早いタイミングで新制度の全体像を社内に
オープンにする．それに際しても，できるだけ多くの社員の率直な意見
を確認しておく．複数の社員から共通に出てくる課題については，かな
りの確率で真の課題に近いものですから，それらの意見は尊重し，新制
度のなかでできるだけ反映できるよう配慮する．これが，今回のプロジェ
クトでは新制度のグランドデザインの提示になるわけです」

　三咲は続けた．
「自分たちの意見がある程度，加味されている全体像が明らかになれば，
社員も少しは安心し，会社も前向きに考えているのだから，少しは協力
しようという気になってくる．しかし，この段階ではまだ総論賛成，各
論反対のスタンスでいます．そこで重要なことは，各論である制度の詳
細設計の場に可能な限り多くの社員を関与させるということです．たと
えば現行制度のここがまずいから，新制度ではこうしようとか，そうい
う前向きな意見を出させる．現在の評価基準は実情に照らしてこの部分
が不備だから，新制度ではこうすべきというような積極的な意見を新制
度の評価基準に採用していくのです．

　これを繰り返していくうちに，人事制度に対する理解度も深まり，ま
た制度構築に自分たちがかかわっているという当事者意識も芽生えてき
ますから，新制度導入後の彼らの取り組み姿勢も変わってくるものなの
です．少なくとも，無責任な態度は取れなくなってくる．このあたりま
で社内の人たちの問題意識を高めるためにも，導入までの期間を十分取
ることが重要となります．

　多くの企業で新制度の導入に失敗しているのは，この検討期間を十分
取らずに，新制度の導入に踏み切ってしまっている場合が多いのです．
だから貴社の場合も，他社と同じ轍を踏まないようプロジェクトを進め
ていただきたいのです．私も人事制度改革コンサルティングというもの
にこれまで200件以上かかわってきましたが，そういった経験のなかで
実際に感じている率直な意見なのです」

「三咲さんがおっしゃっていることは十分理解しました．当社としてもそのご忠告に従って，最善の努力を払いながら進めていきたいと思います」と，トリトン社の須藤部長はいった．

　開発部門の制度設計は予定どおり進んだ．導入前には，開発部門の全社員に対して新資格・新給与体系への本格付けが実施された．新制度の説明会が開催され，それに加えて同部門の全管理職に対する評価者トレーニングも実施された．こうして開発部門の新人事制度は，人事部門の尽力と三咲たちの支援によって，20X1年4月に予定どおり導入される運びとなった．

「開発部門への導入は果されました．しかし向こう1年かけて，この新制度の全社展開をはかっていくという課題が残されています．まだわれわれの改革は，ようやくひとつの峠を越えただけのこと．これからコーポレート部門や営業部門，アミューズメント施設部門への展開をはかるため，けっしてこれで安心せずに引き続き取り組んでいきましょう」

　プロジェクトの打ち上げ会の席上で，須藤部長は人事部門のプロジェクト・メンバーを前にそう語った．

「引き続きよろしくお願いします．全社をターゲットとすると，人員規模も多くなりますし，組合員も多いですから，交渉事も増えてきます．これからもぜひサポートしてください」

　三咲に対しても，そう言葉をかけた．

「改革には，継続する力が重要となります．向こう1年間というのは結構な長丁場ですから，途中で手綱をゆるめることなく，最後までがんばりましょう．継続は力なりですよ」と，三咲は小さくVサインをつくって笑ってみせた．

ビジネスストーリー4　　Let's ESサーベイ4

Let's ES サーベイ 4
社員満足経営を実践する
ES・CS経営推進のポイント

さて，ビジネスストーリーでも ES 調査に基づいた人事制度改革が一段落したところだが，ここで社員満足経営を実践していく上でのキーポイントを整理しておこう．

1．すばらしい人材を確保し育成する

すべての起点は社員満足にある

すばらしい人材を確保し，育成したいと，まったく考えないような企業はおそらく皆無だろうが，なかなかそうはうまくいかないのも事実だ．しかし，トップ企業と呼ばれている企業では，そのための最善の努力を尽くしている．その結果，企業と社員との間にあるコミットメントが群を抜いている．そしてそのように，社員との間に良好な関係を形成することに成功している企業では，ES も良好だ．

そのような企業では，最適な人材を選び，十分な教育を施して，公正に処遇し，たっぷりとほめている．日本ではこの「ほめる」ことが不得手の企業が実に多いが，そんななかでも最近では「認知と賞賛」を合言葉に人事施策を展開している企業も現実に増えてきた．結構単純ではあるが，ES が良好な企業とは，そのようなことを正しく実践できている企業だということである．

個人のレベルでは，やる気をもってきちんと行動に移し，それを最後までやり遂げることが大切になってくる．したがってやはり社員満足が

社員満足経営を実践する　　　177

すべての基本にあると考えることは，間違った判断ではないだろう．つまり株主満足や顧客満足を高めていくための一番の近道は，あらゆる経営資源を動員して，社員の成功を後押しするようなシステムと構造をきちんと確立していくということだ．社員満足経営を実践していくと，その種の構造を会社のなかにきちんと確立することがいかに大切かに気づいてくる．

自分の会社に誇りがもてるか

いま読者のみなさんは，どれほど自分の会社に誇りがもてているだろうか．たとえば実際のES調査のなかでも「この会社で仕事をしているのは，生活の糧を得るためだ」とクールに答える層が一定割合存在する．回答者は謙虚に正直に答えているのだろうが，なんとなくそれでは一抹のさみしさを禁じえない．

有名なマズローの「欲求5段階説」の「生存欲求」ではないが，まずは生きていくために，生活していくために最低限の収入を会社で働くことで得ていくというのがその根底にある考え方だ．消極的な見方をすれば，「生活していくために，仕方がないからこの会社で働いている」というメッセージとも解釈できる．

しかし人材の流動化が進んできたとはいえ，人生の一定期間をすごす重要な会社生活のなかでは，もう少し積極的な意味合いを見出してもよいはずである．

社員満足経営を推進している企業では，このあたりの取り組みも少し異なっている．たとえばESという言葉を最初に使ったザ・リッツ・カールトンホテルでは，社員も「お客様」として扱われる．同社の社員は内部顧客とみられ，同じ目線でお互いを理解しあい，心から尊敬しあう．同社では，企業の熱い心と魂が社員を通じて顧客に伝わってこそ，はじめてホテルがひとつのブランドへと昇華されると考える．

それを体現するために，同社の社員が肌身離さず身につけているもの

ビジネスストーリー4　　　Let's ESサーベイ4

が「クレドカード」だ．これは，クレド（信条），エンプロイイー・プロミス（社員への約束），モットー，サービスの３ステップ，からなる４つ折りのカードのことである．ここでいうクレドとは，リッツ・カールトンの理念や使命，サービス哲学をまとめた不変の価値観であり，その考えに共感して実践できる社員を単なる人材ではなく，プロフェッショナルである人財として尊重する．そうした思想の下，同社は有為な社員の教育や人材育成のために惜しみない投資を行なっている．このような社員に対する約束を明言している会社は，かなりめずらしいだろう．

　同社のモットーは，"We are Ladies and Gentlemen serving Ladies and Gentlemen"（紳士・淑女であるお客様に仕えるわれわれも紳士・淑女である）である．つまり社員としての自分たち自身の存在に対する自負．そして顧客と同じ目線で積極的なコミュニケーションをとることを尊重する姿勢に，社員重視の明確なポリシーがうかがわれる．おそらくそんなところから，それが単なる満足にとどまらず，顧客の「感動」を呼び，「感謝」にまで進化していくものなのだろう．リッツ・カールトン・ミスティーク（神秘性）を生み出す原動力ともなっている．

　これと似たものでは，ジョンソン・エンド・ジョンソンの「Our Credo」（わが信条）がある．これは全社員が共有する恒久的な価値判断の基準を示したものであり，同社では，その実践度を測定するためにクレド・サーベイという全社員を対象とした一種の ES 調査を定期的に実施している．

　ここまで述べてきたように，会社に対する誇りとは，そのベースに会社や仕事に対する愛着がなければ生まれない感情である．そこには，会社のビジョンやミッションに対する共感や共鳴があり，その考えを強制ではなく素直に受け入れられるという土壌が形成されていなければならない．

　最近では，ビジョンやバリュー，パーパス（存在意義）を尊重する経営が志向されるようになってきたが，これも社員満足経営の方向性と異

なるものではない.

2. 報酬にも2つの種類がある

金銭的報酬と非金銭的報酬

　報酬というものをトータルに考えると，一般的には「金銭的報酬」と「非金銭的報酬」の2つに分かれる（図表4-1）．金銭的報酬とは，説明するまでもなく，月例給与や賞与などの直接報酬を中心とする報酬のことである.

　金銭的報酬がもつマネジメント上の機能には，①インセンティブ機能（パフォーマンス向上への動機づけ），②リテンション機能（必要な人材の採用・維持・確保），③リリース機能（アンマッチ人材へのメッセージ）などがある.

　一方，非金銭的報酬がもつマネジメント上の効用には，金銭的報酬では得られない要素が含まれている．そのことも十分理解する必要がある．それは，仕事に対するやりがいであったり，仕事自体がもつおもしろみであったり，仕事を通じて自分が成長できているという実感であったりする.

　たとえば，さまざまなES調査から明らかになっていることは，多くの社員の望んでいるものは，一言でいえば「発展のチャンス」である．高収入もさることながら，能力開発や人間としての成長，キャリア人生の先行き展望などが,多くの社員にとっての関心事であり,これらのニーズに対して所属企業がきちんと対応できているかどうかが問われてくるということだ.

　なんらかの思いや感情をもった生身の人間が働く場合には，この非金銭的報酬が本人の職務満足に大きく影響を及ぼすことが考えられる．社員満足経営の実践を考える場合にも,この点には十分配慮すべきである．ただ一部のセグメント，たとえばすでに第3章で指摘したように，相手

ビジネスストーリー4　　Let's ESサーベイ4

図表4-1●金銭的報酬と非金銭的報酬

◆金銭的報酬にはインセンティブ，リテンション，リリースなどの機能がある
が，非金銭的報酬にはそれでは得られない要素がある

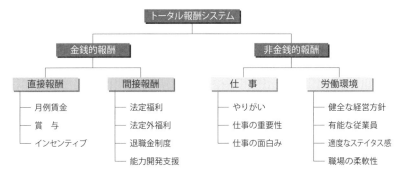

がハイパフォーマーだったりすると，仕事に対するやる気も仕事を通じ
た成長実感もすでに十分得られている層では，彼らのもっとも求めるも
のが金銭的報酬であったりする場合もあるので，この点は注意すべきだ
ろう．

3．「サーバント・リーダー」という視点

リーダーシップ・スタイルの変化

　このような状況のなかで，管理者のリーダーシップのスタイルにも変
化が求められている．最近では，「サーバント・リーダー」や「サーバ
ント・リーダーシップ」という言葉をよく耳にする．「サーバント」
（servant）は，直訳すれば「下僕」や「召使い」ということだが，少し
逆説的な言い方をすれば，お客様にサービスしている人にサービスする
とか，自分のことを上司と呼ぶ人に仕える ということになる．つまり本
当のリーダーとは，みんなを引っ張っていくような人ではなく，まず人
に尽くす人のことで，「奉仕するリーダー」モデルがその本質である．
これは，『サービス・リーダーシップとは何か』（ダイヤモンド社，2002年）
に出てくるベッツィ・A・サンダースの言葉だ．

図表4-2●サーバント・リーダー

◆お客様にサービスする人に「サービス」する
◆自分のことを「上司」と呼ぶ人に仕える

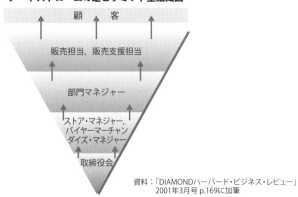

ノードストロームの逆ピラミッド型組織図

資料：「DIAMONDハーバード・ビジネス・レビュー」
2001年3月号 p.169に加筆

　図表4-2にノードストロームの逆ピラミッドの組織図を掲げた．ベッツィ・サンダースは，もともとは高級デパート・チェーン店ノードストロームの副社長まで務めた人物だが，その彼女がそんな表現をしている．

　要するに，これまでの管理者の仕事とは，部下に対する指示・命令，あるいは統制といった仕事が主だった．部門の管理や部下の管理が主で，組織を束ねるといった発想だった．しかし，CS や ES 的見地に立てば，これからはノードストロームが実践しているように，顧客に対してどのような組織編成や体制が意味をもつのかという視点が特に重要となってくる．

　そうなった場合にマネジャーは，顧客に向かって，あるいは顧客に対してそこで働いている社員たちを，ちょうど逆さまのピラミッドの下から彼らを支援するような位置づけになるという，逆転の発想が必要となるということである．したがって部下が自分に従うのではなくて，実際に顧客に向かって仕事をしている部下たちを後方から支援していくのが，これからの管理者やマネジャーの仕事になる．そんな意味合いでサー

ビジネスストーリー4　　Let's ESサーベイ4

バント，要するに主人に仕える人に向けたリーダーシップという発想になっていく．

コーチングも ES・CS の流れ

ES や CS を重視する経営の時代には，上司は部下の ES の高さで自分が評価されたり，顧客の CS の高さで自分が評価されたりすることを想定しておく必要がある．

そうなってくると，単純に自分のやり方や方針を部下に押しつけるのではなく，いま実際に自分の部下はどんなことを望んでいるのか，あるいはいったい何をやりがいと感じているのか．それに対して，上司としてどのようなサポートやアドバイスを与えるべきかが重要となる．いま現在の部下の状況が，部下の ES のスコアや顧客の CS のスコアに影響を及ぼすことになってくるからだ．

最近では，コーチングがひとつの重要スキルとみなされるようになってきているが，これは，部下の成熟度に応じてきめ細かく対応することの重要性が認知されてきたことの証左である．コーチングは，「答えは部下のなかにある」という考えにもとづくものであり，部下の考えを聴いたり，質問したりして確認する．そのなかから問題の本質を探り当て，部下の自主性や主体性を引き出して問題解決に当たらせる．そこに部下自身の当事者意識が生まれ，仕事に対する動機づけやモチベーションの向上がはかられるというものだ．

まさにコーチングは，サーバント・リーダーやサーバント・リーダーシップを重視した経営が推進される必然性が認知されるようになった時代のテーマといえるのである．

4．社員満足経営は人的リスクを回避する

かつてある金融機関が外部の調査会社を使って実施した ES 調査の結果が社外に漏洩し，それがマスコミに取り上げられて物議を醸したこと

があった.「若手社員の8割が転職を検討している」という調査結果だったために, 当時の金融不安のなかで, V字回復が至上命題だった同業界にとっては, かなりショッキングな事件として報道されてしまったのである. 当時, このような事例を他山の石として, ES調査実施の自粛に走る企業も実際に現われた.

ES調査結果の取り扱い

ES調査を実施するうえでは, 確かにこのような事件や事故を未然に防ぐための配慮は必須となってくる. これは, 昨今のコンプライアンス経営(遵法経営)やリスクマネジメントなどの観点からも必要が出てくる. そこで調査結果データや報告書類の取り扱いには, 十分に注意を払う必要がある.

調査結果のフィードバックの対象やその方法については第6章で詳述するが, 少なくとも報告内容については, 情報公開すべき対象者を慎重に検討し, 厳選することがきわめて重要である.

あまり過敏に反応する必要はないと思われるが, 企業防衛的観点からも調査結果は関係者限りにするとか, 全社員向けのフィードバック資料については各設問項目の単純集計結果に限るといった配慮をして, あまり細かく突っ込んだ分析結果についてはオープンにしない対策が必要となってくるだろう.

一時期, 調査結果の報告会場では, 報告書の配布は行なわれるが, 報告会の終了とともにその報告書を回収するといった対応がなされていた. また配布する報告書にはすべてナンバリングをして, 仮にそれが外部流出したとしてもだれの手から渡ったものかがわかるようにしていたケースも実際にあった. いずれにせよ, 結果内容が不用意に部外者の目に触れることのないよう, 調査結果データの取り扱いには特に留意すべきである.

せっかく立派な調査が実施できても, このような事態の発生でミソを

ビジネスストーリー4　　Let's ESサーベイ4

つけてしまっては，ES調査そのものの本来的な価値を減殺してしまうおそれがある．くれぐれもそんな愚は避けるべきだと思われる．

労務コンプラや人材流出の対応

一方，調査結果をうまく活用すれば，労務コンプライアンスや不用意な人材流出に対応することができる．たとえば時間外の負荷に対する回答結果を確認すれば，どの部署のどの層の残業実態がいまもっとも問題とされるべきかが一目瞭然でわかる．時間外の過度の実態は，当該部署の該当者の健康状態にもかかわる重大な問題となってくる可能性があるのはもちろん，その状態が長く続けば，該当者の退職にもつながるおそれがある．

最近では，この長時間残業の問題に絡んで，職場における精神的ストレスに関する設問を重視したり，職場環境の実態を把握する設問に留意したりと，設問項目の設定自体にも変化が現われてきている．

勤続意向を直接的に問う設問の場合には，回答者本人の会社に対するロイヤルティの高さを確認する意味のほか，あまりに短期で答えてくる層に対するリテンション（引き止め）施策の検討にも役に立つ．つまり勤続意向1〜3年と答えた回答者の多い職場は，かなりの確率でこれから先のその期間に多くの退職者を出してしまう危険性をはらんでいるということだ．実際に1年未満と回答した対象者が3人いたある職場では，その1年後，ちょうど3人が実際に退職してしまったという実例もある．このような場合には，分析の過程でこれら不満層の不満要因を突き止めて，その対策を考える必要に迫られてくる．

このようにES調査は，社員の退職リスク，キャリア志向性，仕事と生活とのバランス（ワーク・ライフ・バランス）の問題，社員にとって価値をおくことが実際に会社が提供している価値とどの程度適合しているかなどを確認し，そのギャップを埋めるもっとも効果的な方法を検討するうえで重要である．

ES 調査から読み取れるこれらのアラームを丁寧に汲み取って，次なる具体策につないでいくことの重要性がおわかりいただけたことと思われる．このような人的リスクを未然に回避するという観点からも，社員満足経営の実践は大きな意味をもつのだ．

5．ES・CS 経営推進の 5 ポイント

本章の最後に，ここまでの議論から ES・CS 経営を推進するために求められる 5 つのポイントについてまとめておこう．

❶ ES・CS は理念ではなく戦略である

「お客様第一」というフレーズはどこの企業でもよく聞くが，何かお題目的に唱えられているケースが実に多い．そのために具体的に何がなされているかというと，実際には何も実施されていないケースがかなりある．お客様第一も社員第一も，連呼するだけでは何も変わらない．やはりそれは，単なる理念ではなく戦略として捉える必要がある．戦略として捉えるということは，一定のビジョンを掲げ，なんらかの形で施策を打って，効果を測定し，また次のアクションにつなげるという，マネジメントのサイクルを回していかなければダメだということだ．そのために定点観測的な ES・CS 調査の実施が意味をもつ．

❷自社の魅力要因に経営資源を集中させる

この部分を刺激すれば，ES や CS が高まるという要因が必ずあるものだ．だから自分の会社の魅力要因はどこにあって，それをどう刺激すれば ES や CS が高まるか，しっかり考えていくことが重要となる．経営資源は有限である．あちらもこちらもというように経営資源を分散するやり方は，会社にとって非効率である．どこに経営資源を集中すれば ES が高まるのか．ES 調査を実際に実施して，そのなかで総合満足度に効いてくる要因を突き止めることが重要となる．まずここの改善をして ES を上げなかったら次はないぞ，というところがみえてきたら，そこに対してまずは集中的に施策を打っていくというやり方をとるべきだと

ビジネスストーリー 4　　Let's ES サーベイ 4

いうことだ.

❸ ES・CS の変化は近未来の先行指標である

ES や CS は, これから先, その会社がどうなっていくかを正しく予測するうえでの先行指標である. 財務のデータだけではダメで, ES・CS というところをきちんとみていかなければ, いまは足元の数字はいいかもしれないが, 2年後, 3年後どうなってしまうかわからないということである. これは, すでに第2章でも指摘していることである.

❹ 管理者の評価基準に ES や CS の概念を導入する

これは, これからの管理者は, ES マインド, CS マインドをもたなければいけないということである. 人事制度などハードの仕組みを変えても, なかなか会社は変わらないことは, 成果主義導入後の 20 年を経験するなかで, 企業の至るところで顕在化してきている. 変えていくためには, やはりマインドを変えなければならない. 一人ひとりのマインドを変えなければダメである. 基本的に人はなんで変わるかというと,「あなたは, これからこういう基準で評価されますよ」とか, 「会社の方針としては今後, この種の指標でみていくよ」といわれたことが身に沁みてわかったとき, そういう行動をとるものなのである.

問題意識の高い人材なら, いわれなくても自然とそういう行動やアクションをとる. しかしそんな方向性や基準が示されないと, どういう方向にアクションをとっていいかよくわからない者が大半である. そういう大多数の者たちのためには, 評価指標や評価基準にこの種の指標を導入することが非常に重要になる.

これまでにない別の価値観を新たに組織に持ち込んで, 会社はこちらの方向に行くということをみせつける. そのような行動をとって成果を上げない限り, 評価が下がるということを明示的に示す必要があるということだ. つまり意識改革のためのひとつの起爆剤として, 管理者の評価基準のなかに ES や CS の概念を導入するということに他ならないのである.

❺ CS の向上は ES の向上なしにはありえない

　これは，ここまでの議論からすでに明らかだろう．再三，述べてきているように，ベースは ES である．ES の向上が CS の向上につながって，企業業績の向上を通じた株主価値の向上をもたらすというサービス・プロフィット・チェーンにもとづく社員満足経営の基本モデルをもう一度思い出していただきたい．企業の長期的・持続的な成長循環を実現していくためには，社員満足経営を実践していくことが特に重要な意味をもつのである．

ビジネスストーリー 4　　　Let's ES サーベイ4

ビジネス
ストーリー

Let's ES
サーベイ

5章

若手社員がやめていく

「ちょっとまた，相談に乗ってもらえますか」

　トリトン社の人事制度改革が軌道に乗ってきたことで一安心していた三咲のもとへガイア社の小比類巻部長から電話が入ったのは，トリトン社開発部門の新制度がスタートして間もなくのことだった．

「何かまたお困りですか」

　三咲は，新宿のガイア・コーポレーションを訪ねることになった．

後を絶たないやめる社員

「いやあ，実は当社のほうも開発部門に問題が生じていまして，そこでまたご協力いただきたいと考えているんです」

　小比類巻部長が開口一番，そういった．隣には菊田課長も同席していた．

「実は，トリトン社との経営統合の話が出てきた昨年あたりから，開発の若手社員の離職率が増加していまして．ここ数ヵ月は特に増えているんです」

「いまどれくらいの離職率なんですか」と三咲が聞いた．

「だいたい 10％程度でしょうか」

「その程度なら，適正な退社率ではないんですか．この業界なら，その程度はあったほうが開発者の新陳代謝も進みますし」

「でも，新卒入社 3〜5 年目の若手社員の離職率が増加していることは，大地会長もやはり問題だと考えています．せっかく入社してひととおり仕事を覚えて，これから戦力になってくれると期待している時期にやめ

られては，人材に対する投資がムダになってしまう」と小比類巻部長が
いった．

　菊田課長の表情が深刻なのもよく理解できた．
「確かにゲーム業界のクリエーターは，同業他社への転職は容易ですし，
貴社で開発の仕事をしていたといえば，業界ではハクがつきますよね」
　三咲に同行してきた中迫が言葉をつないだ．
「最近，会社分割の手法を使って，開発部門の一部がトリトン社へ異動
になったこともひとつの原因ではないかと考えています．トリトン社と
当社との処遇条件に開きがあって，あちらに移った若手クリエーターは，
とても腐っているんですよ」
「ここ数年の会社業績は，ガイア社のほうが圧倒的ですからね．業績賞
与の額にまず，かなりの開きがあるんでしょうね」と三咲がいった．
「そのあたりは，三咲さんにも手伝っていただいた業績連動型賞与の仕
組みが実によく機能しています．しかし，それだけではありません．細
かいことをいえば，年間の総労働時間や年次休暇の付与日数，休憩時間
の違いからゴールデンウィークや夏季休暇の日数だって異なっていま
す」と小比類巻部長がいった．
「合併や経営統合などの際に必ずテーマとなる労働条件の統一の問題で
すね」
「そこでですが，一度，当社の若手社員を対象にこのあたりの原因究明
をしていただきたいんですよ．何が一番の問題で今後，どうすればいい
のかを提案してほしいんです」
「了解しました．それでは3日ほど時間をいただけますか．きょうお聞
きした内容をまとめて提案書をおもちします．よろしいでしょうか」
「ぜひお願いします」と小比類巻部長は答えた．

若手定着に向けての「提案書」

　それから3日後，三咲は提案書の中身をガイア社の小比類巻部長，菊
田課長に説明した．提案書のタイトルには，「若年層社員の定着化促進

に関する施策立案プロジェクト」と書かれている.

「まず本プロジェクトでは,貴社開発部門の若手社員,特に3〜5年目の離職率の増加傾向と新卒採用市場での競争の激化,経営統合にともなう事業環境の変化を背景として今後,若手社員を引きつけ引き止めるA&R,つまり Attract & Retain のための施策の検討・立案をその目的とします.

　若手社員の会社や業務内容に対する本音の情報を収集し,退職を意識するような不満要因や不安要因を特定します.そのために若手社員の勤続や離・退職意識に対する問題点を整理して,実際に対象者に対するインタビューの実施と ES 調査手法にもとづくアンケートの実施の2本立てでいきたいと考えています」

「方向性としてはいいんじゃないですか」と,小比類巻部長がいった.

「プロジェクト・フローとしては,こちらのような流れで考えています(図表5-1).インタビューとアンケートの結果にもとづいて,A&R 施策の検討および立案を実施していきたいと思います.期間的には約4ヵ月を想定しています」

　小比類巻部長と菊田課長の反応を確かめながら,三咲は続けた.

「若手社員意識調査のアンケート構成ですが,大きくは個人特性と離職要因とが勤続意向とどのような関係にあるのか.そしてリテンション施策としてどのようなものが有効かを明らかにする質問構成にしたいと思います.

　個人特性では,それぞれの価値観や成長意欲などのポテンシャル,属性別にみた勤続意向との関係を明らかにします.離職要因では,総合満足度や個別満足度のそれぞれの項目と勤続意向との関係を明らかにします.その上で,リテンション施策として何が考えられるのかを検討していきたいと思います」

　プロジェクトのスペックについては,その場で基本合意ができ,三咲たちは本格的なプロジェクトの準備に取りかかることとなった.

ビジネスストーリー5　　Let's ESサーベイ5

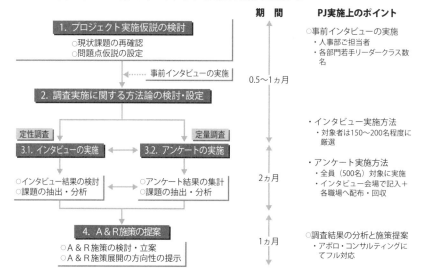

◆インタビューとアンケートによってA＆Rの施策を検討する

内容	期間	PJ実施上のポイント
1. プロジェクト実施仮説の検討 ○現状課題の再確認 ○問題点仮説の設定	0.5〜1ヵ月	○事前インタビューの実施 ・人事部ご担当者 ・各部門若手リーダークラス数名
┄┄┄ 事前インタビューの実施		
2. 調査実施に関する方法論の検討・設定		
定性調査 **3.1. インタビューの実施** ○インタビュー結果の検討 ○課題の抽出・分析 / **定量調査** **3.2. アンケートの実施** ○アンケート結果の集計 ○課題の抽出・分析	2ヵ月	・インタビュー実施方法 ・対象者は150〜200名程度に厳選 ・アンケート実施方法 ・全員（500名）対象に実施 ・インタビュー会場で記入＋各職場へ配布・回収
4. A＆R施策の提案 ○A＆R施策の検討・立案 ○A＆R施策展開の方向性の提示	1ヵ月	○調査結果の分析と施策提案 ・アポロ・コンサルティングにてフル対応

仕事に対する閉塞感が蔓延

　アンケートの質問項目の検討を進めながら，一方では開発部門の若手社員に対するインタビューが実施されていった．

　インタビューについては，開発の各現場から10名単位で集められた若手社員を前にした，いわゆる座談会形式のグループインタビューの体裁がとられた．あくまでも本音トークである．ただ入社3〜5年目の層だけでも500名程度にのぼるため，実際にはそのうちの200名を対象とした．インタビューに参加できない若手社員については，アンケートでフォローする方針である．

　しかし対象者を絞ったとはいえ，インタビューの実施だけでも20組となる．結構しんどい作業だ．

　事前に検討されたインタビュー項目は，次のとおりである．

　・会社や業務に対する不満や不安

・退職を意識したり，考えたりしたことはあるか

・不満や不安に思うことをどのように解決したらよいか

・ガイア社の長所やよいと感じているところ

・キャリア開発支援などの相談窓口，支援窓口について

インタビューは，ある意味で筋書きのないドラマだ．あまり事前準備のシナリオにこだわると，インタビュー対象者の本音が引き出せないこともある．

「単刀直入にいって，何が問題だとお感じですか？」

しかし心配は杞憂だった．結局，三咲の忌憚ない質問にインタビュー対象者が本音で話してくれた．実にさまざまな意見が飛び出した．

- われわれは，単純にゲーム業界が好きで，エンタテインメントが好きでこの業界に入っています．だから，好きな仕事ができればそれでいいんです．会社にはまったく興味がありません．魅力的な仕事ができるかどうかですね．

- かつて大地会長が社長をされていた頃は，大地社長の人柄にほれて当社に入ってきた人がたくさんいたと聞きますが，いまはそんな人は少なくなってしまいました．会長も偉くなられて，若手社員なんか，気軽に口もきけないですからね．経営トップと現場との距離感を感じてしまいます．うちもすでに大企業病かもしれませんね．

- えっ，会社方針ですか？　そんなもの，いまの当社にあるんですかね．少なくともぼくは，一度もそんな説明を受けたことがありません．トリトン社との経営統合で，業界でも最大手なんていわれていますけど，ただ単に図体が大きくなっただけじゃないんですか．

- 組織の方向性がみえないんですよ．それが最大の問題．それが，若手社員の将来に対する不安につながっているんです．

- 人事異動に計画性がないですよ．なんとなく行き当たりばったりといった感じです．現在の異動には，個々の社員のキャリア開発まで見据えた計画性がみえない．それが不満です．

ビジネスストーリー5　Let's ESサーベイ5

- 他部署や他の開発プロジェクトの情報が不足しているいまの状況では，開発部門内でも相互理解は至難のワザです．
- やりたい仕事ができません．目の前にあるプロジェクトをこなすだけ．プロジェクト公募制はあるんですが，手を上げても採用される確率は低いですね．募集が実施される前に，楽屋裏ではメンバーが決まっているという噂もある．そんな出来レースに乗っかったって，少しもおもしろくないですよ．いま当社がお台場で立ち上げようとしているビッグプロジェクトくらいですかね，なんとなく期待がもてるのは．
- 入社以来，ひとつのプロジェクトにどっぷり入っています．もう4年になるんですが，こんな状況じゃ，自分自身の専門性を磨く機会もできませんし，超マンネリ状態ですね．
- 私は逆です．開発要員が人手不足なので，ひとつのプロジェクトに最初から最後までかかわれず，途中で抜けたり，途中から参加しなくてはならなかったり．このままじゃ単なる便利屋で終わってしまいそうでこわいです．

「まあ，時代閉塞の現状…ってところですか」

　確かに，仕事に対する閉塞感が蔓延している感じは三咲にもよく理解できた．

「さて，この状況を踏まえてどうするかだな」と，三咲はつぶやいた．

　インタビュー1日目は，そんな感じで過ぎていった．

キャリアモデルがいない

　2日目に出てきた課題も，三咲の頭を悩ませる内容だった．

- 当社の問題点のほとんどは上司にあると思います．部下の育成意識が低い．もちろん開発の人間ですから，一人ひとりがプロ意識をもって自ら育つことが基本だとは重々承知しています．でも，いまのままでは，能力開発の方向性に不安を感じてしまいます．
- 上司が部下の仕事ぶりを把握していません．コミュニケーションが

ぜんぜんよくないんです．われわれには，会社の情報をまったく伝達してくれません．

- ビジネスマナーが徹底されていません．専門性に突出していればそれでいいってものでもないはずです．人前に出せない常識知らずの開発者もたくさんいます．ホントに檻に囲ってしまいたいくらいです．

- 上司が計数管理にばかり注意を払っていて，もう本当に幻滅です．

- ロールモデルになるような人物が社内にいないんですよね．ヒーロー不在といってもいい．よくあるじゃないですか，自分もあんな人になりたいとか，なろうと思ったからこの会社に入ったんだとか．そんな人物を思い描くだけで，わくわくしてきて，仕事にやりがいを感じられるような上司とか先輩ですね．当社でもそんなロールモデルやキャリアモデルが一人でもいれば，もう少し現場の社員の姿勢も違ってくるかもしれません．

- ゲーム開発は，開発している時点では本当にどうなるかわからない．市場に出てみて反応をみないとよくわからないんですね．なかには，新機種や新商品の開発に何年もかける者もいる．その間のモチベーションとかテンションの維持のためにも，憧れの人物は必要だと思います．

　最後のキャリアモデルの不在については，三咲も意外に感じられた．
「最近，大ヒットした「天空の拳」の開発者なんかは，ロールモデルにならないんですか」
「ほんの一瞬ですね．でも，なかなか持続しませんね」
　ガイア社は，もともと営業部門が強い組織だった．確かに開発者の力不足を持ち前の営業力でカバーして業績を上げてきた経緯はある．だから，開発の仕事に夢をもち続けられない者が多いのは，ある意味でこの会社の歴史に由来するところでもあった．開発力だけ取りあげれば，確かに統合先のトリトン社のほうが上回っていた．

「でも，いまから10年ほど前，ぼくが付き合いはじめた頃の貴社は，いまほど知名度はなく，仕事もなかったけれど，みんな夢をもって毎日働いていた気がしますよ．当時は，全社でも150名程度の会社でしたけどね」

三咲は，インタビュー出席者にそう語った．

「そういう古きよき時代のことを若手に話してくれる先輩や上司も，いまはほとんどいません」

「ガイアの歴史を語り継いでいく語り部がいまこそ必要なんでしょうかね」と笑ってみせた三咲だったが，心のなかでは，（事件は，確実に現場で起こっている…）と考えていた．

こんなんじゃ生活できないよ

2日間で約100名のインタビューを終え，三咲は，会社の経営方針や組織上の課題，上司や職場，仕事に関する課題について，少しは明らかになってきたような気がしていた．

おおよそ社員が不満に思うことは，自分の身の回り半径5メートル以内で生じていることが多い．本人が直接的に影響をこうむることが，やはりなんといってもESに影響を及ぼす項目となってくる．そんな思いを強くしながら，3日目のインタビューに臨んだ．

3日目に出てきた意見は，それまでとはちょっと趣が異なり，議論は主に人事・処遇制度や給与，労働環境や職場管理に集中した．

- 数年前に新人事制度が導入されてから，仕事のモチベーションが上がる要素が減少したと感じています．一般社員の家族手当や住宅手当まで削られて，給与が減額になったと受け止めている若手がほとんどです．
- 資格体系も簡素化され昇格要件もきびしくなったせいか，なかには入社から4〜5年経っても，新入社員とほとんど変わらない給与でやっている社員もいます．そんな社員が先輩として新入社員の教育をしています．給与が変わらないのに，後輩の指導をしなければな

らない身にもなってあげてくださいよ.

- 昇格の機会は確かに減りましたよね. そのため, 適切な人が本当に
  昇格しているのかどうかわかりません. またこんな状況では, 自分
  がいつ昇格できるのか不安になります. ひょっとしたら, 上司の恣
  意性にかなり左右された運用になっているのではないかと不安に
  なってしまいます.

- われわれは, 会社としても大量採用した世代なので, 昇格や昇進が
  不利になることは容易に予想できます. 現状では, 昇格試験に合格
  しても, 人が多いからという理由で昇格できない. せっかく合格し
  ても昇格できなければ, モチベーションは確実に落ちます. 一方で,
  現在の仕事の内容を評価すれば, 確実にその資格に値しない年配の
  方が多すぎます.

- 基本給の伸び率が低いので, 結婚などによる生活の変化を考えると,
  現在の年収や昇給の幅では大変不安です. こんなんじゃ生活できま
  せん.

- うちの会社も成果主義を導入したはずなのに, いつまでも年功意識
  から抜け出せない評価者がほとんどで, 給与格差が少ないと思いま
  す.

- 成果主義は, 明らかに弊害が出てきていますよ. 成果主義を導入し
  たことで, 業務のプロセスやいままでの個人の経験が評価されなく
  なってしまいました.

- 評価基準が評価者によってバラバラです. 市場では高い評価を受け
  ているゲーム開発者が, 会社からの評価は極端に低い. さらにいえ
  ば, 評価基準が曖昧すぎます. どういった結果や行動が高く評価さ
  れるのか示してほしいです.

- 評価のフィードバックがないため, 会社が自分に何を求めているの
  か, どんなベクトルをもってほしいのかがみえない.

- 労働負担が大きすぎます. また過剰労働に対して黙認する風潮が全

ビジネスストーリー5　　Let's ESサーベイ5

社に蔓延しています．仕事量にふさわしい人材配置も行なわれていません．とにかく稼働率が高すぎます．深夜残業や休出をしないと明らかに間に合わないような開発体制は本当に止めてほしい．

- 有給休暇があってもとりにくい状況にあります．有休取得奨励日などをつくってみてはいかがでしょうか．

- がんばって仕事を効率的に進め，残業しないという人のほうが年収が下がってしまうのは，どう考えてもおかしい．若手社員のやる気を完全に殺いでいます．残業依存の報酬体系を見直してください．このままでは，いつまでたってもムダな残業が減らず，利益率も上がらないと思います．

- 当社は，社員のプライベートな部分への配慮が足りません．私の友人のなかには，結婚式の前日まで働かなければならない人もいました．

....

どれもこれも，三咲にとっては耳の痛い話だった．現在のガイア社の制度は自分が手がけたものだったからである．

「制度設計当初のねらいとは裏腹に，裏目に出てしまっているものもあるなあ」と，三咲はつぶやいた．

たとえば資格体系のブロードバンド化は一時期，確かにブームで，多層に伸びてしまった資格制度の刻みを思い切って簡略化することで，昇格制度の年功的運用に歯止めをかけるねらいがあった．しかし，簡素化しすぎたことで，今度は逆に昇格のインセンティブが出てこない制度になってしまっているようだった．

評価基準についても，現場の理解が足りていない．制度の器は成果主義に変えても，それを運用する評価者のマインドが年功主義を引きずったままでは，社員の声にもあったように真の成果主義は実現できないだろう．

成果主義色を強め，属人的給与をなくすねらいで実施した家族手当や

住宅手当の廃止も，結果的には若手社員の給与の減額にしかならなかった．最近では，少子高齢化の影響で，逆に家族手当を厚くする措置をとりはじめた企業も出てきている状況では，このあたりも再度，検討する余地はあるようだ．全般的な景気回復の影響もあってか，福利厚生制度を手厚くする企業の動きも最近では確かに顕著に出てきている．

（そろそろガイア社の制度も見直す時期にきているのかもしれないな）三咲は，そう実感していた．

　200名に対するインタビューを4日で終わらせ，出てきた課題をもとにアンケートの質問票も再度，検討された．その後は，調査の実施に2週間，分析に1.5ヵ月かけて，最終的な結果がまとめられた．

リテンション施策の発動

　ガイア社の会議室では，小比類巻部長と菊田課長を前にして，三咲が調査結果の報告をしていた．隣には，中迫も同席している．

「アンケート結果から，ES個別満足度項目の勤続意向への影響度を確認してみますと，若手社員の現状評価が低く勤続意向への影響度が大きなものとしては，会社の将来性，会社への愛着，自己の成長，経営方針への共感の4項目があげられます．このあたりの項目をこれからどう改善していくかが若手社員全般に対するリテンション施策を考えていく上で重要ということです」

　正面スクリーンのスライドを動かしながら，さらに説明を加えた．

「これがインタビューとアンケートの結果を踏まえてまとめた若手社員の離職要因に関する課題構造です（図表5-2）．経営レベルの課題，所属部門や職場レベルの課題，そして若手社員自身の意識に関するレベルと，それぞれのレベルに応じた課題があることがおわかりいただけたことと思います」

「これは，よく整理された図表ですね」と，菊田課長が感想を漏らした．

「今回の調査結果からさらにターゲットを絞ってみると，特定されるリテンション・ターゲット人材は，若手社員のなかでも「ガイア社に限ら

図表5-2●開発部門若手社員の離職の構造

◆インタビュー，アンケートを通じて明らかになった離職構造
◆経営，部門，職場のレベル，若手自身の意識レベルそれぞれに課題がある

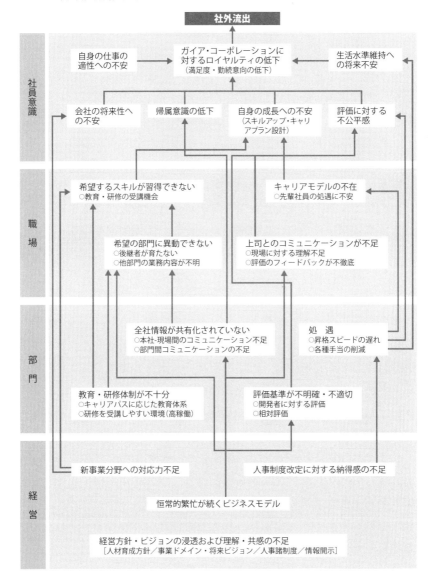

ずキャリアアップを考えている」と回答した55%のボリューム・ゾーンだと思われます．この層のマインドセット，思考様式の特徴は，自己の仕事やスキルに対するキャリア志向性が高く，かつ明確なキャリアプランをもっています．就社というより就職意識ですね．この層が関心を示すのは，おもしろい仕事や職場であり，給与や処遇を優先します．常に専門知識やスキルの向上に励み，自己研鑽にも積極的．成長意欲が高いのが特徴ですね．おそらく実際にパフォーマンスの高い社員が多いと思われます」

「で，具体的なリテンション施策としては，どんなものが考えられますか」と小比類巻部長が尋ねてきた．

「短期施策と中長期施策とにわけて考えたほうがいいと思いますね．まず短期施策ですが，将来的なキャリアの可能性を身近に考えさせる意味からも，個別満足度項目中，評価が最低だった評価制度や資格体系の見直しは急務だと判断します．たとえばブロードバンドしすぎた資格体系を見直し，昇格に対するインセンティブがもてるよう，現在ひとつのグループで括ってしまっている一般社員層にもいくつか段階を設定する．また業務実態に合わせた評価基準の見直しを実施する．評価者の評価スキルの向上やマネジメント研修を定期的・継続的に実施するなどです」

「評価スキルの向上努力は，どこの会社でも永遠の課題ですよね，ホントに」と納得顔でいう菊田課長をみながら，三咲が続けた．

「次に，給与水準と諸手当体系の見直しが考えられます．若手社員からは，明らかに低いと評価されている現在の給与カーブの是正が必要となるでしょうね．少し上方にシフトさせることを検討すべきです．それと，これに関しては私にも責任があると反省していますが，廃止してしまった家族手当や住宅手当の一般社員層への復活です」

「給与原資の多少の持ち出しは，仕方がないということですかね」と小比類巻部長が聞いてきた．

「制度改定当初は，月例給与ではなく半期のボーナスでメリハリのある

支給格差をつけるというのが趣旨でしたが，実際には評価による個人間格差が想定されたほどはつけられていないので，特に月例給与レベルの低さだけが際立ってしまっているんですね．おそらくこのままでは，若手が納得しないでしょう」

「そのうえで，会社方針や今後の事業展開も踏まえたあるべきキャリアビジョンを提示するということですか」と菊田課長．

「そのとおりです．加えて，魅力的な職場や仕事環境の提供に努めることです．これには，たとえば自己申告面談などを活用して，異動希望のある若手についてはきめ細かく対応する．そして若手社員にやりがいのある業務機会が提供できる体制を整備する．これは，たとえば新規プロジェクト開発やクロス・ファンクショナル・チームを活用する．また社内ベンチャー制や社内FA制の活用などが，今後とも考えられていいと思います」

「それぞれの職場事情に配慮した異動をすべきで，これまで当社が採ってきた年次による一律異動などは控えたほうがいいということもいえますよね」と小比類巻部長がいった．

「そうですね．インタビューのなかでも，それはかなり不評でした」と三咲は答えた．

中長期に求められる施策

「それでは，中長期の施策のほうに移りたいと思います．こちらはまず，経営ビジョンや戦略，方針についての情報発信やディスクローズを推進することです．現場では，意外に当社のビジョンや方針を理解していない若手が多かったですね．これは，アンケート結果からも出てきています．現場でまったくそんな話がなされていないとは思いませんが，若手社員の心には響いていないのも実情ということです．これはもう経営トップ自らが情報発信しなければいけませんね．このあたりは，秋山丈二社長にもご協力をいただくことになります．全社メールや社内報，直接現場に出向いてなど，あの手この手で情報発信する．もしまだ不十

分ということであれば，会社方針説明会やビジョン研修など，積極的な仕掛けを考えていく必要もあると思います．

　それと，ミドルマネジメントの再教育ですね．つまりキャリアモデルとなっていくような魅力的な上司の育成をはかる．これには，必要に応じてマネジメントの本質やリーダーシップ，管理者やプロジェクトマネジャーの本来的役割について再教育するということも必要です．上司の方は，このような部下の実情をよく把握していない場合もありますから，上司に対して健全な気づきを与える機会の提供という意味で，とりあえず今回の調査結果にもとづく気づき研修を実施しても効果的だと思います」

「結構，地道な取り組みですよね」と小比類巻部長が相槌を打った．

「そのとおりです．地道に，愚直に，徹底的に実施するのです」と三咲は答えた．

「最後に，魅力的な事業やプロジェクトの創出をはかることです．このあたりは，われわれのほうでも，どのような事業やプロジェクトのポテンシャルがあるのか，よく存じ上げないところもありますから，貴社のこれからの事業戦略を考えるうえで，ぜひよく検討していただきたいと思っています．そのような事業やプロジェクトを担いうる人材が社内にいなければ，外部からの積極採用も視野に入れ，若手社員が貴社の将来やキャリアの将来に対して希望がもてるようにしなければなりません．またそのような分野を担いうる人材の採用により，自分がめざすキャリアモデルやロールモデルとなる人材を確保していくことも大切です．

　以上が，これからの施策展開のいくつかのオプションとなります．あとは社内でよく検討して，何から先に手を打つかを考えていただきたいと思います」と，三咲が締めくくった．

「よく理解できました．次の打ち手をどうするか，われわれとしてもよく考えていきたいと思います．今回は，ありがとうございました」

　小比類巻部長が三咲に礼を述べた．

「最後に確認するのもおかしいのですが，この調査結果に応えていくということは，うちの若手社員の単なるわがままに付き合うことにはなりませんか」と菊田課長が質問してきた．

「確かにそう捉える方も出てくるかもしれません．しかしこれからの人口減少社会を前提として考えれば，一度，採用した社員一人ひとりを大切にして，きめ細かなマネジメントや人材育成を実施していくことは，とても重要なことなのです．またES調査は，社員の単なる愚痴を聞いてそれに応えるものではなく，本当の原因を究明して，それに対する打ち手を考えることです．今回もいくつかの課題解決のための方向性を提案させていただきました．このなかから，重要度・緊急度に照らして現実妥当なものをよく見極め，具体的なアクションにつなげていただきたいと考えています」と三咲は答えた．

それからまもなくしてガイア社では，役員会の席上，開発部門の若手社員に対する具体的なリテンション施策が決議されることとなった．

元気な会社はどこが違うか
モチベーション戦略の必要性

会社の活力とは，やはり現場で働く中堅・若手の元気度に依存するところが多い．それでは，会社の元気の源泉とは，どこからもたらされるものなのか？

ここで，クライアント企業で実際に取り組んだ事例を紹介しよう．

1．元気はどんなときに感じる?

ある「元気プロジェクト」

ある素材メーカーでは，30代の中堅社員が中心となって職場の活性化を目的としたプロジェクトを立ち上げた．名づけて「元気プロジェクト」である．

この会社では，まず働く人が元気を感じることができる要素について徹底的に議論した．これをまとめたものが図表5-3だが，たとえば具体的にあげられたのは，夢を語るとき，納得できる評価を受けたとき，自分の目標が明確なとき，達成感を得たとき，参画感を得たとき，チャレンジしているときなどだった．

この結果を受け，自社に欠けているものは何かについて真摯に議論したところ，「夢」を語ることや「遊び心」をもつこと，「変化」を起こそうとする気概に欠けているとの結論に至った．そこでこの会社では，活力ある組織への変革を促すため将来，どんな会社にしていきたいかという夢を描くとともに，社員の元気を高める施策として，次のような3つ

図表5-3●「元気の素」の構成要素

◆働く人が「元気」を感じることができる要因はいろいろある

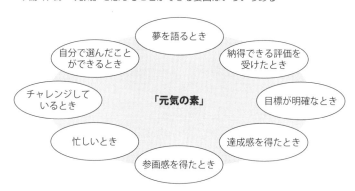

の切り口からの取り組みを開始した.

①個性と意欲の誘発

②イメージ戦略プロジェクト

③共育と協働の新提案

「個性と意欲の誘発」では,何よりも社員が夢をもつことが大切だという考えから,夢のあるプロジェクトを推進する「ドリーム実現プロジェクト」や,日常業務をお互いに競い合っておもしろくするための「業務コンペ大会」などを企画した.さらに社内に多様性を認める風土を創造するために外国人社員を積極的に採用したり,人材のリフレッシュをはかるための「ロングバケーション制度」を実施するなど,さまざまな仕掛けを導入した.

「イメージ戦略プロジェクト」では,広告が社員の元気の素と考え,ホームページやテレビコマーシャルを見直して企業イメージを高めることに取り組むとともに,地域社会とのコミュニケーションの促進をはかることに努めた.自分の会社をより存在感のある会社,自慢のできる会社にしていくことで,会社への社員の帰属意識を高め,モチベーション・アップをはかることがねらいである.

「共育と協働の新提案」では,新たな挑戦ステージや自主的な組織運営,

参画の喜び，成功体験などを喚起するため，人材や情報の活発な交流を促進させるとともに，新しい仕組みづくりや組織の壁を取り払うことをめざした．これによってソリューションのスピードアップや部分最適から全体最適への変化が進み，利益の出る会社づくりが可能になる．また社員の意識改革，行動特性の向上によって，自律型社員を育成し，会社の利益を考えて行動することができる人材や高いマネジメント能力をもった人材の育成をはかっていった．

　共育と協働の新提案の具体的な取り組みは次のとおりである．

- ・戦略的教育プロジェクト（社外でも通用する能力と行動特性の獲得をめざす）
- ・経営課題解決プロジェクト（組織横断的に若手の経営企画能力の伸長をねらう）
- ・この指止まれプロジェクト（テーマの公開によって情報や人材交流の活発化をはかる）
- ・事業所横断グループ（エースとしての自覚を育む新たな挑戦ステージを設定する）

　以上のように，この会社では「元気プロジェクト」の下で一人ひとりの社員に自発性をもたせ，会社を変革させていくための人材育成や企業風土の創造をめざしたのである．

　このようなさまざまなプロジェクトを導入する場合は，それに参加した社員の成果を評価や処遇にきちんと結びつけ，プロジェクト業務の活発化を支援していくことが特に重要となってくる．

　この会社でも，プロジェクトの導入に合わせて成果主義の評価・処遇制度を導入し，管理職層への業績連動型年俸制の採用，年功的・属人的な給与項目の廃止，定昇の廃止などを行なった．また優秀な社員の評価結果については，他の社員の模範となるよう基本的に公開するようにしている．

　それでは会社の元気を阻害するものとは，いったいなんだろうか？

会社の「元気」を阻害するもの

多くの場合，それは従来型組織のもつ閉鎖性だったように思われる．閉鎖的かつ均一的な組織の弊害である．これまでの組織のなかでは，一人ひとりの自発性はあまり認められてこなかった．それは自発性を犠牲にした均一性だった．個人よりも組織が優先され，一人ひとりの個性を活かすことにはあまり目が向けられてこなかった．組織自体も右肩上がりのワンパターンの発想しかもてず，そのため毎回示される年度初めの目標は，「対前年度○％アップ」といった単純なものが多かった．

社員がどんなに努力して目標をクリアしても，次年度には必ずそれを上回るものが提示される．いきおい本人の目標を明確化し，それに向かって果敢にチャレンジさせる目的で導入した目標管理も，この右肩上がり成長の無間地獄に陥ったようになる．目標管理は，社員のやる気を殺ぐための道具に堕してしまう．このあたりが，成果主義批判の格好の材料となってしまうのだ．

だから，これまで企業で働く社員は，多くの場合，提示された目標を最初から無視するか，それとは逆に過剰適応するしかなかった．与えられた仕事や数字をあたかも運命論的に受け入れる社員も多かったのである．

しかし会社の元気とは，一人ひとりの社員の活性化から成り立つ．一人ひとりの自発性や自主性を尊重し，自由な発想の下で仕事ができる環境整備こそが，会社にとっての元気の素となる．

2．経営理念を浸透させる

ビジョンやバリューが求心力

昨今では，ESを考えるうえでもビジョンやバリューは欠かせない．自社の経営理念とは何か．価値をおく行動基準は何か．これらを管理職

や一般社員の評価基準に組み入れて，徹底した実践を義務づけるところが増えてきた.

しかし，ES的な観点からいえば，これらは義務感で実践されるものではなく，共鳴・共感して，納得づくで実践されることが望ましいものである. とりわけ時代が求めるサーバント・リーダーの場合には，単に部下に仕えるだけでなく，このような組織の使命や理念にもよく仕える者を指していう. また実際，そのような企業では，ESのスコアは高い. 会社と社員との一体感の醸成に大きく寄与するからである. だから，新たなビジョンやバリューを打ち出すときは，ビジョン策定プロジェクトやバリュー・セッションなどのイベントに，できるだけ多くの社員を巻き込んでつくり上げるというプロセスを尊重する場合が多くなる.

たとえばIBMでも，図表5-4のような経緯を経て，2003年に新たな価値観「IBMers Value」を打ち出した. ルイス・ガースナーの改革を経

図表5-4●IBMの新バリューの検討経緯

◆新たなビジョンやバリューを打ち出すときは，できるだけ社員を巻き込むほうがよい

◎「基本的信条」(1914年，初代社長トーマス・ワトソン・シニア制定)
・個人の尊重　・最善の顧客サービス　・完全性の追求

| ソリューション・プロバイダーへの事業転換により，社員の半数は勤続5年以下の社員 | 長い年月の経過による「基本的信条」の中身の変質 | ガースナー改革から10年が経ち，好転した状況の中から芽生え始めた「自己満足」 |

サミュエル・パルミサーノCEO (最高経営責任者) は，全社員を巻き込んだイントラネット上のオンライン・フォーラム「バリューズジャム」の討議を経て，新しい価値観を作成

【New Corporate Values】(2003年11月)
・お客様の成功に全力を尽くす
・私たち，そして世界に価値あるイノベーション
・あらゆる関係における信頼と一人ひとりの責任

資料：「DIAMONDハーバード・ビジネス・レビュー」(2005年3月号) より作成

ビジネスストーリー5　　Let's ESサーベイ5

てサミュエル・パルミサーノ会長兼 CEO（最高経営責任者）の時代となり，サービス事業へのハイ・バリュー・シフトを推進していくためには，価値観を中心とした経営（バリューズ・ベースト・マネジメント）を実践していく必要があったからである．

　新しい価値観の創造を通じて，IBM は，自分たちの事業の原点を「お客様の成功に全力を尽くす」ことだと再確認した．企業を取り巻く環境は，インターネットの普及やグローバル化の進展，企業買収や経営統合の増加，ベンチャー企業の台頭など，常に変化の渦のなかにある．その際に，進むべき道を照らしてくれるのがビジョンであり，バリューなのである．

　最近の ES 調査のなかでも，経営に関する項目が実は ES にかなり影響を及ぼすことが観察されるようになってきている．経営改革や企業変革が時代の要請となり，経営のあり方自体が ES と深くかかわるようになったのである．

経営方針が満足度に影響する

　過去数年間，ES 調査のお手伝いを続けていたある会社があった．

　その会社は，それまで ES 調査の結果を真摯に受け止め，その結果から得られた課題に丁寧に取り組んできた．それが功を奏して，総合満足度のスコアも年々向上してきていた．

　ES 調査の効果が目にみえて現われてきていることに，一コンサルタントとしても密かな喜びを感じていた矢先，その会社の経営者が重大な経営判断の誤りを犯してしまった．業績は短期間で急降下し，社員の給与も大幅カットを余儀なくされた．若手を中心にやめていく社員も増え，経営危機といえる状況になった．

　そんななか，その年も ES 調査の実施時期がめぐってきた．さすがに「こんな状況では，今年の ES 調査は取り止めだろう」と考えていたところ，その会社の ES 調査の担当から連絡が入った．「今年も例年どおり ES 調

査を実施したい」という.

「本気ですか？　今回の状況では，実施せずとも結果は火をみるよりも明らか，おそらく ES のスコアは最悪ですよ」と申し上げた．しかし，そのとき返ってきた担当者の言葉は，実に印象深いものだった．

「こういうときだからこそ，ES を実施する意味があると思うんです．結果が最悪なのは，十分予想しています．しかし，今回限りの結果がどうこうではなく，この種の調査には継続性が重要ですよね．いま最悪の状況でも，それがどの程度・どういう内容で最悪なのかを明らかにしたうえで，経営者にも足元の状況をよく理解していただこうと思うんです．それが人事部門の者たちの総意です」

担当者の熱意にほだされて ES 調査を実施してはみたものの，やはり結果はさんざんだった．総合満足度のトータルスコア，会社に対する社員としての誇り，勤続意向のどれをとっても軒並み大幅ダウン．そして総合満足度を押し下げている最大の要因として，「経営方針」が上がってきた．このときに総合満足度への影響要因を共分散構造分析という統計手法を使って整理したものが図表5-5である.

この図表からみて取れるのは，現場の経営方針に対する理解と共感が，経営に対する信頼と仕事のやりがいにつながり，人事評価に対する納得

図表5-5●経営方針の総合満足度への影響度例

◆経営方針に対する現場の理解と共感がやりがいにつながる

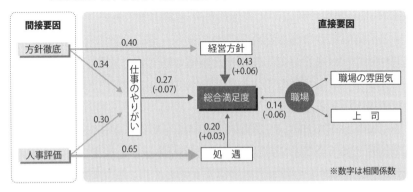

ビジネスストーリー5　　Let's ESサーベイ5

感がモチベーションと処遇満足を高め，総合満足度の向上に寄与するという構造である．しかしこのときの調査結果からは，相関係数の値の高い経営方針に対する共感度が極端に下がってしまったために，総合満足度を大きく引き下げる結果になったと判断できた．常々，お客様志向や変革志向といった経営ビジョンの浸透に努めてきた同社にとって，これは手痛い結果である．

　この会社の事例は，経営のあり方が ES に重要な影響を及ぼした事例として，いまでも鮮明に記憶に残っている．

3．支えているのは「現場力」

経営の力は「現場力」に

　日本企業の強みとして，よく「現場力」が取り上げられる．こう聞くと，「なるほど，もっとも」と素直に思えてしまうのだが，実際に ES 調査を実施していてこれを痛感したのも，同じこの会社の事例からだった．

　時の経営者の判断ミスから起きてしまった危機なので，経営に対する不信感が増大するのは致し方のないことだった．しかしそのほかの ES の個別指標を確認していくなかで新たな事実もわかってきた．

　対前年比でみた ES の個別項目は，軒並みマイナスを示していたが，各項目をよくみると，仕事や職場関連指標については，経営方針や給与・処遇などの項目ほど下げ幅が少ない．つまり経営の状態が混乱しているなかでも，この会社の社員は，仕事に対するやりがいをさほど失わず，職場の上司や同僚との人間関係や協力関係も良好ななかで，きちんと顧客対応できていることがわかった．

　経営が危機的状況にあればあるほど，「現場ががんばらねば！」との思いを強く抱いた社員が多かったのかもしれない．いずれにせよ，これは経営状況の悪化を現場の土壇場力で支えている構図と判断できたのである．

このように，定期的・継続的な ES 調査の効用として，経営になんらかの動揺が走ったとき，それを下支えする役割を ES が果たす場合がある．この会社の場合は，社員満足経営の実践の重要性を改めて確認させられたケースでもあった．

4．やる気が出るとき・出ないとき

どんなときにやる気は出るか

会社の元気は，社員一人ひとりのやる気にかかっている．それではやる気が出るとき・出ないときは，具体的にはどんなときか．

これもある会社の事例だが，この会社では年に 1 度，社長以下の経営陣をまじえ，幹部社員が一堂に会する「百人隊」と呼ばれる会議を開いている．百人隊というのは，江戸時代に幕府警護のために百人一組で組織された鉄砲隊の名に由来しているが，この会議で「やる気」をテーマに議論した際，具体的にやる気が出ないとき・出るときの事例としてあげられたのは，次のようなケースだった．

❶やる気が出ないとき
・上司がメールでしか仕事を依頼しない
・上司の指示が不明瞭
・上司の指示に計画性がない
・仕事を丸投げしてきても，結果だけはきびしく問う
・怒ったり叱ったりすることは多いが，ほめることはない
・うまくいっても無反応
・プロセスでなく，とにかく結果しかみてくれない
・結果のフィードバックがない
・仕事の依頼内容に納得できなくとも，仕事を受けざるをえない
・自分の能力をはるかに超えている仕事でも受けざるをえない
・仕事に区切りがなく，際限なく上司からの依頼が続く

・上司が忙しすぎて，部下の話を聞く余裕がない

・「こうしたい」と自ら提案しても，上司に簡単に却下される

・自部署中心で業務が回り，部門間の相互信頼や連携がない

・責任と権限が不明確

❷やる気が出るとき

・他者からの承認が得られた

・成果を上司に認めてもらえた

・自分の提案に対して，上司に「やってみろ」といわれた

・自分の企画がお客様に認めてもらえた

・自分の考えと会社の考えが一致した

・自律的に好きなことができている

・自分の得意分野を手がけている

・「お前にまかせた」と上司にいわれた

・目標や計画の道筋が描ける

・営業目標を達成した

・自分が企画にかかわった商品を店頭でみかけた

・トラブルのあった工程を改善して成果が出た

・「一度叱られたことは二度と繰り返さない」と心に誓い，これをバネにがんばっている

・仕事を通じて自分が成長している実感がもてる

　以上の事例をみると，部下にとってやる気を阻害する要因としても，やる気が出る要因としても，上司の存在が非常に大きいことがわかる．部下にやる気を出させるためには，上司が部下の主体的な行動を促し，その過程と成果をほめてやり，本人に充実感を抱かせることが大切である．

　部下にとって上司の存在が非常に大きいことは，どんな調査でも共通していえることである．あるIT（情報技術）系の会社では，ビジネスストーリーのなかで出てきたガイア社の事例のように，若手社員の離職率が高

いことに悩んでいた．そこで問題の原因を探るために若手社員を対象とした ES 調査を実施した．そこでもやはり，上司との関係が問題の原因として大きいことがわかった．

「尊敬できる上司がいない」「キャリアモデルとなる先輩が社内にいない」など，若手社員の希望や夢を失わせている大きな原因は，自分の上司や先輩といった，ごく身近な関係のなかにあるといえそうである．

5．モチベーション・リーダーの必要性

元気を生み出す組織とは？

それでは，元気を生み出す組織とはいかなる組織なのだろう？

そのひとつとして，会社としてやるべきこと（組織の目標達成）と，個人としてやりたいこと（個人の欲求充足）が同時に実現されている組織が考えられる．そんな組織では，社員が抱いている「成長したい」「役に立ちたい」「自分の存在意義を確認したい」という前向きな気持ちに灯をともし，生きがい・働きがいを充足させる方法論を考えていく必要があるのだ．

成果を単純な式で表わすと，「成果＝能力×やる気」となる．この式に当てはめて考えれば，これまでの人事制度改革では「成果」と「能力」の部分については詳細に検討され，さまざまな仕組みや制度が導入されてきたが，「やる気」の部分については，ほとんど検討されてこなかった実情がわかる．

よくよく考えてみれば，人事制度とは，あって当たり前の衛生要因であり，成果主義を導入して制度を変えても，それだけで社員のやる気が格段に向上するわけではない．

つまり社員のやる気を上げるためには，一方でモチベーション戦略が必要となり，成功のサイクルを回す鍵としてのモチベーション・リーダーが必要となってくる．

ビジネスストーリー 5　　Let's ES サーベイ 5

マネジメント人材とリーダー人材

職場に必要な人材としてよくいわれるのは「マネジメント人材」と「リーダー人材」である。マネジメント人材は，与えられた現状を維持・拡大していくことを主な仕事とする場合が多い。これに対してリーダー人材の場合は，率先垂範，自ら範を示して新しい分野や領域に積極果敢に挑戦していく。もちろんどちらの人材も組織にとっては必要不可欠だ。

経営者の役割にたとえれば，経営数値にもとづいて経済合理的な判断を下すことがマネジメント，一方で，社員のモチベーションやロイヤルティ，創造性といった，経済合理性にかなった判断だけでは割り切れない領域をうまくコントロールし，成果創出に貢献していくことがリーダーシップと位置づけてもいいだろう。

これを ES の領域に置き換えてみればどうなるか。ES を構成する要因をもう一度思い出してほしい（図表1-7）。ハーズバーグの動機づけ衛生理論では，やる気は，動機づけ要因と衛生要因とに分けられた。このうち，マネジメントの機能によって問題解決しやすいのが衛生要因の領域であり，リーダーシップの機能によって問題解決しやすいのが動機づけ要因の領域であると言い換えてもいいだろう。つまり積極的に働きかけて社員にやる気を与えていくのは，マネジメントではなくリーダーの仕事となる。つまりこれから求められるのは，リーダーの立場でモチベーション創造ができる人材。いわば，モチベーション・クリエーターということになる。

ここでいうモチベーション・クリエーターとは，部下に対して成功のシナリオを提示することができる人，部下が尊敬できる人，部下を上手に育成できる人のことであり，このような人材がいることで，図表5-6のような成功のサイクルを円滑に回していくことができる。

逆に，図表5-7のようにモチベーションを低下させ，組織をダメにするモチベーション・ブレイカーも存在する。これは，戦略なきガンバリ

図表5-6●モチベーション・クリエーター

◆成功のサイクルを回すには，成功のシナリオを提示できる上司，尊敬できる
　上司が必要

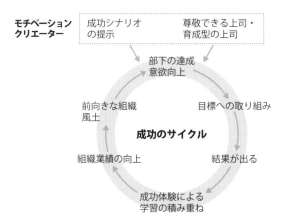

ズムを唱える人や尊敬できない上司のことであり，このような人材がい
ると，組織全体が悪循環から抜け出せない状況に陥ってしまうこともあ
るので，注意が必要だ.

　報酬には金銭的報酬と非金銭的報酬があることは，すでに述べたとお
りである．金銭的に報いる部分については一定レベルに達していること
が必要だが，その原資は限られているし，それが絶対条件ではない．一
方，金銭でない部分で配慮できることはいくらでもあり，これは管理者
の力量次第である．つまりモチベーション・クリエーターとして部下の
やる気を喚起していくためには，この非金銭的報酬についてもよく理解
し，部下に接していくことが必要だということだ.

　「楽しく仕事がしたい」とか，「意味の感じられる仕事がしたい」「尊
敬できる人と一緒にがんばりたい」といった部下の根源的な欲求に応え
ていくことが，モチベーション・クリエーターの仕事となる.

　そこで部下にやる気を与えていくためには，次のような機会をつくり
出すことが必要になる.

　・参画意識の高揚

図表5-7●モチベーション・ブレーカー

◆戦略なきガンバリズム，尊敬できない上司が組織をダメにする

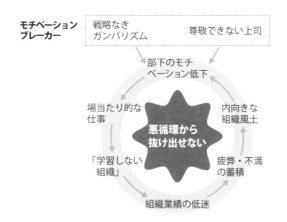

- ・自己表現と自己選択の場の提供
- ・貢献実感の付与
- ・フィードバックによる気づき
- ・健全な競争意識の創出
- ・適材適所の実現
- ・「ほめる文化」の醸成

　特にほめる場合は，人格をほめるのではなく具体的にとった行動をほめることである．同様に叱るときも，人格ではなく行動にフォーカスし，改善へのアドバイスを行なう．ほめることが正しい行動を促し，自ら学ぶ姿勢を強化することにつながっていく．

変革のエネルギーを企業 DNA に

　これから活力ある会社を実現していくためには，社員一人ひとりが変化に対するしなやかな適合力を身につけて，変化を常態とする組織へと変革を進めることが必要である．

　そのためには，ノール・M・ティシーが『リーダーシップ・エンジン』

（東洋経済新報社，1999 年）でいうように，「教育する組織」や「教育するリーダー」，そして「リーダーを育成できるリーダー」の存在が重要となる．そのためには，独自のアイデアやバリューをもち，3 つの E（Emotional；感受性豊かな，Energy：エネルギー，Edge；大胆な意思決定力）に秀でた人材が求められてくる．そのような人材は，自分の仕事のなかに独特のストーリーを創造できる人材でもある．

　これらを個人が保有しているだけではなく，組織の DNA として継承できる企業こそが，真に活力ある強い企業といえるのだ.

ビジネスストーリー 5　　Let's ES サーベイ 5

ビジネス
ストーリー

Let's ES
サーベイ

6章

経営改革に終わりはない

制度改革はできたけれど…

　トリトン社の開発部門への新制度の導入が済み，ガイア社開発部門の若手社員のリテンション施策プロジェクトが一段落した頃，三咲は久しぶりに汐留スーパータワーの 30 階に足を運んでいた．大地会長へのプロジェクトの進捗状況報告のためである．

「その後，どんな感じですかね？」

　会長室の執務机に山積みされている書類に目を通しながら，大地会長が三咲に声をかけた．

「とりあえず改革第一弾としてのトリトン社開発部門への新人事制度の導入は実施できました．またガイア社のほうでも，開発の若手社員層に問題が出ていましたから，4ヵ月ほどかけてその対策を考えました．トリトン＆ガイア・グループとしての経営改革第一弾は，順調に進んでいると判断されてよろしいかと思います」

「そうですか．それはご苦労さまでした」

「しかし，同じ開発部門といってもガイア社もトリトン社も，それぞれのこれまでの社歴というか会社の経緯に違いがありますから，一概に同じアプローチは通用しませんね」と三咲は述べた．

「それは，そうでしょう．ガイア社の場合には，これまで営業主導で成長してきた会社．そういう意味では，開発は日陰にひっそりと咲く花のような存在で，ちょっと地味でしたからね．それに引き換えトリトン社の開発は，花形部門．業界でも有名なトップクリエーターを何人も擁し，

最近のゲームの開発体制をみても，有名どころの映画監督や女優を大胆に起用して結構派手にやっていますよね」

「でも，そんな体制が，言葉はちょっとよくありませんが，開発無法地帯を許容し，プロジェクト採算がとれないソフト開発までも容認してきてしまっていた．結果的に，赤字の山を築いてしまった」

「これからトリトン社は，組織改編を実施しようと考えています．具体的には，現在の開発，営業，管理といった機能別・職能別の組織体制を一般家庭・消費者向けのコンシューマー系と業務向けのアミューズメント系の2大事業部に再編し，そのなかで開発から営業，管理まで一気通貫でマネジメントできるような組織に変えていこうと考えています」と，大地会長はいった．

　確かに，組織が機能別に分かれている場合は，往々にしてそれぞれの部門ごとの主義・主張が先行して，なかなか協力体制が築けないケースが多くなる．営業は営業，開発は開発といった具合に，自部門の都合優先となり，組織自体が部分最適に陥りやすい状況を生んでしまう．トリトン社の場合も，まさにこのケースが当てはまっていた．

「すでに組織改編の話も取締役会で議論していて，おそらく近々，大幅な変更が実施されることになると思います」

「なるほど，事業部単位での収益管理，損益管理を徹底していこうとお考えなのですね」

「それぞれの開発プロジェクトの評価も，きびしくみていこうと考えています．プロジェクト評価の仕組みも変えないといけませんね」

「それは，よい考えだと思います」

「アミューズメント系の施設管理事業，平たくいうとゲームセンターなどの運営をしている部門ですが，ここも働いている社員にかなり閉塞感がある．この部門も，いずれ手を加えていかなければならないと考えています」と大地会長はいった．

「グループ経営のなかでのホールディングスの位置づけもまだきちんと

整理されていませんし，クループ内を見回してみると，課題はまだおありのようですね」

「経営統合のこのタイミングでは，課題はまだまだ出てくるでしょう．まあ，経営自体がある意味で環境適応業である以上，経営改革に終わりはないですからね．今後とも，引き続きよろしくお願いしますよ」

「了解しました」と三咲は答えた．

　三咲が会長室を出て帰りかけると，ホールディングス経営戦略部の宇野部長にばったり出会った．

「これはこれは．大変ご無沙汰しています．その節はいろいろとお世話になりました」三咲が挨拶すると，「着々とプロジェクトも進んでいるようじゃありませんか」と宇野部長がいった．

「今度，トリトン社で主宰される評価者トレーニングに，私もオブザーバーで参加させていただこうと考えているんですよ」

　20X1年の春に開発部門への新制度の導入が果たされた後も，同部門では，制度定着のためのさまざまな取り組みが継続されていた．評価者トレーニングもそのひとつで，すでに新制度導入時点での目標設定研修，3ヵ月経過後の中間レビュー研修が済んでいた．同社では，半年タームの目標管理制度を導入したため，まさに新制度導入後はじめての実際の評価が実施されるタイミングに差しかかっていたのである．

「そういえば，宇野部長はトリトン社のご出身でしたね．評価者トレーニングは，来月の10日から5回ほど実施される予定ですよ．スケジュールなど詳細は，後ほどうちの中迫のほうからもお知らせしておきましょう．都合のつく日程で結構ですから，制度の理解を深めていただくためにもぜひ参加してください」

　汐留のビルを出ると，一気に暑さが身に沁みてきた．もう8月の下旬．高層ビルに照り返される夏の日差しは，とても眩しかった．

経営計画に反映させる

「ES調査結果の効果的な活用方法って，いったいどんなことが考えら

れるんでしょうね」

　トリトン社のミーティンググループに集まった経営改革チームのメンバーを前にして，トリトン社の須藤部長が質問した．この日は，久しぶりにチームメンバーが集まってのES調査の勉強会だった．

　「三咲さんたちアポロ・コンサルティングのご協力を得て，われわれも一度，ES調査を実際に体験して，おおよそのところはつかんだと思っています．伊豆で集中合宿したりして，分析の仕方や結果の見方もずいぶんと勉強になりました．でも，まだイマイチ理解できていないのは，結果の活用のところなんです」

　「一応，前回のES調査の総括をやってみたんですね」と，トリトン社の五味課長がA4の1枚にまとめられたペーパーをメンバー全員に配った．「20XX年度ES調査結果総括」と書かれている．

　「お手元の資料をみていただきますと，まずES調査の総括として，よかった点としては，質問の網羅性については各職場でも評価が高かったこと，また部門別や属性別の分析が精緻にできていたことです．一方，反省点としては，出てきた結果を踏まえた対応策の検討と進捗把握ができていなかったことが真っ先にあげられています．このあたりについて，これからどうしていったらよいか，ご意見をいただきたいと思います」と須藤部長がいった．

　「前回調査の結果は，トリトン＆ガイア・グループの役員に対する説明会を実施した後，それぞれの会社の各部門別フィードバック資料と全社員向けのフィードバック資料を作成して現場に還元しただけで，確かにその後のきめ細かなフォローをしていなかったから，このようなご意見が現場から出てくるんでしょうね」と三咲が答えた．

　「ES調査のあと，われわれも経営サイドの要請で，トリトン社開発部門の人事制度改革に没頭してしまいましたから，ES調査の結果を踏まえての施策対応に不十分さが出てきてしまったのだと思います．この点は，確かに反省しています」

「実際の施策対応といったところでは，他社さんではどんな感じで対応されているのが一般的なんですか」と，ホールディングスの宇野部長も聞いてきた.

三咲と一緒に同席していたアポロ・コンサルティングの志渡が答えた.
「もう過去に何回か実施されているガイア社の小比類巻部長や菊田課長ならご承知でしょうが，回答結果の活用方法としては，出てきた課題のレベルに応じて，何階層かに分けて検討していくのがポピュラーなんですね. つまり出てきた内容が経営マターであれば，経営陣や経営企画部門が担当して対策を考えていきます. それが人事マターなら，人事部門が担当することになる. 各部門別に出てきた課題については，各部門ごとに対応策を考えるということになります」

「今回は，ES調査の結果を踏まえて，やはり問題ということが実証されたトリトン社の人事制度改革に間髪入れずに突入してしまったということですね」と三咲が続けた.

「調査報告書をよく読めば，その他部門でも抱えている課題はクリアに分析されていましたから，それに対する働きかけを人事としてもしっかりしていく必要があったということですね」と須藤部長.

「そのとおりなんですが，実際問題として，貴社の場合には開発部門の制度改革という一大イベントに忙殺されて，現場も人事もそのあたりへの取り組みが十分できなかったのは，仕方ないんじゃないでしょうか」と三咲がいった.

「うーん. でも，当社の現場の連中も，ちょっと当事者意識に欠けますよね. 部門別フィードバック資料を各職場に配布しても，現場の反応がほとんどありませんでしたから. 本来なら，これを受けて，この先，所属としてはどうしたらいいんでしょう？とか，問い合わせがあったっていいじゃないですか」と，少し憤慨したように五味課長がいった.

「まあ，でも最初はそんなものですよ」と三咲がなだめる.

・・・・・・・・・・・・

ビジネスストーリー6　　　Let's ESサーベイ6

「ガイアさんのほうでは，これまで何度か ES 調査をされてきています
よね．これまでは，実際にどんな取り組みをされてきたんですか」と宇
野部長が聞いてきた．

「当社の場合には，だいたい翌年度の実行計画に盛り込めるように，調
査のタイミングもそこから逆算して実施しています．もちろん全社で取
り組まなければならない課題もありますから，課題のレベル分けを考慮
して，部門に任せるものについては各部門別フィードバック資料を配布
する際に，この結果を受けてそれぞれの現場がどんな施策に取り組んで
いくかを，次年度の計画に反映させることを義務づけています．だから，
現場の部門長クラスは，この結果をきちんとわが事と捉えて取り組んで
くれているんですよ」と小比類巻部長が説明した．

「ガイアさんの場合は，過去 5 回程度取り組んでいますから，もう慣れ
たものですね．ES 調査開始当初は，確か管理部門担当の所英世常務が
いらっしゃったから，かなり現場に檄を飛ばしていましたよね」と三咲
が懐かしそうに話した．

「そうそう，フリーアンサー欄に無責任に愚痴を書くんじゃなく，そん
なにいろいろと問題意識があるなら，施策提言欄を設けてそこに書かせ
ろといって，本当に施策提言欄をつくっちゃいましたからね」と菊田課
長も笑顔で語った．

「実際に，それから前向きな意見を書いてくる回答が多くなったんです
よ」と三咲がつけ足した．

「へえ，それはすごいですね」と須藤部長が感心するようにいった．

「実際に各職場でのあるべき対応としては，それぞれのフィードバック
内容を受けて，その問題の所在を再確認する必要がありますね．所属に
よっては，これを受けて検討会を設けたり，研修会を設定したりという
形で，まず問題意識を共有します．そのなかで真の課題は何なのかを見
極めて対策を考えるということになります．その際に，あらかじめ会の
開催予定がわかるなら，人事もできるだけその場に顔を出すべきだと思

います.

　現場レベルの課題ですから, 職場での人間関係の問題だったり, コミュニケーション上の問題だったり, 長時間労働の問題だったりするわけですが, そういった問題に上司も部下も真摯に向き合って解決策を考えていくというプロセスが職場の ES 向上には大切なんですよ」

　三咲は, そう説明した.

「ES を高めていくためには, 現場も人事も一丸となって取り組まなければならないということですね」

　宇野部長がそういうと, みんな納得したような表情になった.

組織風土を改革する

　20X1 年 4 月に開発部門への先行導入が果たされたトリトン社の新人事制度は, その後, 全社展開のスケジュールを着々とこなすことになった.

　開発部門と異なり, 全社の場合には, 労働組合との協議にもある程度の時間が割かれることとなる. 労使協議を想定したうえで, 作業を前倒しに進める必要があった. しかし, 制度の全体骨格はすでにでき上がっているため, あとはそれぞれの部門や職種の実情にマッチした評価基準づくりが焦点となった. 開発部門への新制度の定着化を進めながら, 一方で全社展開のための準備を同時並行的に実施する. 月に 2 回の定例ミーティングは, その作業進捗の確認の場となっていた.

「計画どおりに進んでいるので, ここまでは一安心ですね」

　三咲は, 手元に配られた新制度導入までのスケジュール表を確認しながらそういった.

「一応, 先日, 開発部門での新制度にもとづく第 1 回目の評価が実施されました. 結果については, 特に混乱はありませんでした」と須藤部長がまず報告した.

「導入後も, 入念にフォローしましたからね. そのかいがありました」

　実際に, これまで実施した 3 回の評価者トレーニングのなかで出てき

ビジネスストーリー6　　Let's ESサーベイ6

た質問には，その場で丁寧に答え，まとまってきた質問事項に対しては，「新人事制度Q&A集」を作成して現場にフィードバックしていた．質問の中身もだいぶ洗練されてくるようになり，批判や中傷めいた内容のものは皆無となっていた．

「まだ目標設定の中身や評価基準の考え方についてはかなり悩んでいる者もいるようですが大方，落ち着いてきたということですね」

五味課長も，少しほっとしたという表情でいった．

「ここまでくればもうあと一踏ん張りですから，がんばってくださいね」と三咲がいった．

「あとは，新資格体系への全社員分の本格付けを実施して，その内容を組合に提示し最終合意を得るという作業ですね．ここまでくれば，さすがにもう大丈夫でしょう」

担当の丸藤氏も少し安心したような顔でいった．

「あくまでも制度設計・導入のフェーズは，ということですから，その点はくれぐれも気をつけてください」三咲がつけ足した．

「以前にも少しお話ししたかもしれませんが，人事制度改革というものは，単に制度の刷新で終わるものではないんですね．実は，これからはじまるものなのです」

メンバー全員が，三咲の次の言葉に注意を向けた．

「制度が変われば，見かけ上は変わった気がするものです．だからそれで安心してしまうケースが実に多い．しかし制度が変わっただけでは，その会社の実情は何も変わっていないということです．特に貴社の場合には，経営統合という特殊事情の下での人事制度改革です．この意味をぜひ噛みしめていただきたいと思っています．

実際には，その制度を活用し，現場の評価者や部下の方々がいろいろと学習していくプロセスのなかで，新制度が真に活かされてくるのです．新しい評価基準にもとづく評価が実施されるうちに，新制度の下ではどのような行動や成果が求められてくるか，身に沁みてわかってくる．実

際に新しい評価基準や昇格基準にもとづいて処遇を受ける実例が出てこないと，具体的には新評価制度の何たるかがわからないのです．

　またこれまで年功主義で処遇を受けてきた上司が厳然と残っていらっしゃる状況のなかでは，仮に評価制度が成果主義に変わったとしても，結果として出てくる評価が，依然として年功の影を重く引きずったものとなる確率がかなり高いのです．このような社員の意識や行動の常識に変革がもたらされないかぎり，本当の意味での改革は成就されません．この点をよく理解しておいていただきたいと思います」

「制度改革だけではなく，社員の意識改革や行動変革，そして組織風土の改革が実現されなければ，真の人事制度改革は達成されないということですね」と，感慨深げに須藤部長がいった．

「そのとおりです．この点が理解されないまま改革が進められていくと，制度改革の失敗や成果主義自体の失敗につながってしまう．ぜひそうならないようにみなさんにはがんばっていただきたいのです．みなさんなら必ずできます．期待していますから，ぜひがんばってください」

…………

「三咲さん，だいぶメンバーのみなさんへの期待を力説されていましたね」

　トリトン社からの帰路，同行していた中迫が三咲にそういった．

「ピグマリオン効果って，中迫くんは知ってるかい？」

「ええ，聞いたことがあります．強く思えば願いが叶うってやつですよね」

「ピグマリオンていうのは，ギリシア神話に登場するキプロス王のことさ．彼は，あるとき，夢にみた美しい女性の像を象牙で彫ったんだ．でも，あまりの美しさにその像に恋をしてしまう．ついには愛と美の女神アフロディーテに，この像に生命を吹き込んでほしいと願い出る．このピグマリオンの願いに感じ入った女神は，象牙の像に命を与え，この像はピグマリオンの愛しい人，ガラティアになった」

ビジネスストーリー6　　Let's ESサーベイ6

「有名な話ですよね」

「このピグマリオンの話に題材を得て，1964年につくられた映画が『マイ・フェア・レディ』だよ」

「あのオードリー・ヘップバーン主演のやつですね」

「そう，もうちょっと古い映画になっちゃったけどね．これを仕事の世界に応用したのがピグマリオン・マネジメント．要は，期待することで，人は成長するということさ．彼らを信頼し期待することで，きっといい結果をもたらしてくれると信じているよ」

「三咲さん，ぼくにも期待してくださいね」と中迫．

「でも，これは逆の場合も当てはまることで，たとえば自分の部下にあまり期待をかけていないと，本当にその部下はそれなりのパフォーマンスしか上げられなくなってしまうんだってさ．これをゴーレム効果っていうんだよ．ちなみにゴーレムって，自分で動く泥人形のことね」

「ゴーレムですか？　何かゴッツイですね」

そういって，中迫は大きく笑った．

単なる愚痴で終わらせない

人材マネジメント・コンサルタントの仕事をしていると，いろいろな会社の社員と話す機会に恵まれる．さまざまな経歴や価値観をもつ社員と知り合いになれることも，この仕事を続けることの醍醐味だ．しかし，人事がらみの話には，必ず愚痴がついてくる．だから三咲は，人の愚痴を聞くのも仕事のうちと心得ていた．不平・不満も同じ範疇だ．

実際にさまざまな場面で愚痴や不満に遭遇するが，愚痴も不満も一巡すると，不思議なことにそれが出なくなる．だから，プロジェクトの開始段階で，できるだけ多くの社員と会って，本音ベースで話をすることには意味があると，三咲は常々考えていた．プロジェクトの最初の段階で，愚痴や不満を一掃して，より建設的な意見を引き出せる効果があるからだ．

会社側が本気で取り組むということがわかってくると，社員の側も変

わってくる．この両者をうまくコンサルティング・プロセスの俎上に乗せることがコンサルタントの手腕ともいえた．

「愚痴をいう権利もあるが，希望を語る義務もあるって，確かどこかの偉い学者先生がいっていましたよ．だから，あまり不平・不満ばかりじゃなく，希望も語ってみませんか」

トリトン社の大規模複合アミューズメント施設がある福岡の拠点で，三咲はインタビュー対象者の店舗スタッフに諭していた．新人事制度の全社展開のなかで，どうしても店舗運営部門の制度にもかかわらなければならなくなったからだった．

「ぼくは，東京の大学を卒業してすぐに福岡赴任を命じられました．きてみると，店舗自体は確かに当社が運営する店舗のなかでも大規模店に属するものでしたが，正社員はぼくを含めてわずかに3人．いきなり20人近いアルバイトのマネジメントをしなければならない立場になりました．業務は超多忙で慣れないこともあり，またバイトは決められた時間で帰ってしまいますから，どうしても自分が残って仕事をしなければならず，残業続きでもうヘトヘトです」

浮かない顔をした20代後半の社員に対して，三咲もちょっと対応に苦慮していた．

「だいたいうちの会社の場合には，これまで何ひとつ新たな試みは成功していないんですよ．こんなんじゃ，組織なんて変わらない」

「あのですね．いまあなたは，組織は変わらないとおっしゃいましたが，その組織ってだれが変えるんですか」と三咲は質問してみた．

「だれがって？　それは組織の上のほうの人じゃないですか．ぼくらペーペーは，どうあがいたってなんにもはじまりませんから」と彼．

「それじゃあ，当事者意識がなさすぎませんか．組織が変わるのを他力本願で願っても，組織なんて変わりませんよ．少しでもいいから，自分のできることから試してみてはいかがですか．少なくともあなたの周囲の半径3メートル程度でしたら，あなただって何かしら影響力を及ぼす

ビジネスストーリー6　　Let's ESサーベイ6

ことはできるでしょう．組織が変わるとは，そこに属する大半の人々の意識が変わらなければダメなんですよ」

少しはっとした表情になった彼に，三咲は続けた．

「会社としては，これまで完全に把握されていなかった時間外管理を今後，徹底するとともに，店舗の業績に応じた業績評価を実施する方向で考えています．全社レベルで進んでいる人事制度改革の動きについては，すでにご承知かとは思いますが，今後は社員の貢献度に応じた人事・処遇の徹底をはかっていきます．これまで機能していなかった自己申告制度も実のあるものに変え，やりたい仕事を自己選択できる仕組みも導入します．今回の会社の本気度を少しは理解して，協力してはくれませんか」

・・・・・・・・・・・

福岡への日帰り出張は，三咲にとってもさすがに疲れた．

「最近ちょっと年かなあ，疲れがなかなか抜けなくって…」

帰り道，銀座の行きつけのスナックに立ち寄ると，三咲は思わず弱音を吐いた．店の看板には「ジャルダン」と書かれてある．

「だいぶご無沙汰でしたね．もう３ヵ月ぶりくらいですか」

店のカウンター越しに，スナックのオーナー・明美ママがにこやかにいった．彼女とはもう20年来の付き合いだ．店を見渡すと，きょうはほかに客はほとんどいない．

「えーっと，正確には４ヵ月ぶりだね」

思えばこの間，週末も含めてほとんど休みを取っていないことに，三咲は改めて気がついた．

「コンサルタントなんて，因果な商売だね．年間を通じていつ忙しくなるかわからない．忙しくなれば，いつまで忙しいのかよくわからない」

「でも，仕事があるってことは，いいことじゃありませんか．少なくとも，社会が三咲さんを必要としている証拠ですから」と，水割りをつくりながら彼女はいう．

「なんだかぼくらの関係って，テレビドラマ「半沢直樹」に出てくる堺雅人と井川遥みたいだね」

「何をいっているんですか…」

どんなにハードな時間を過ごしても，人にはほっと安らぐ場所や相手が絶対に必要だ．

（それを確かソーシャル・サポートって呼ぶんだったよなあ）と，三咲は少し酔った頭でぼんやりと考えた．

明美ママは，そんな三咲のしぐさをみて，またにっこりと微笑んだ．

胸を張って明日に向かおう！

1年かけて準備を進めてきたトリトン社の新人事制度も，やっとゴールがみえてきていた．会社側の了解もとれ，組合とも合意ができて，三咲は，晴海トリトン社の研修室で制度導入前の評価者トレーニングの講師を担当していた．

「きょうはまず，人事評価の重要性についてお話ししたいと思います．評価の重要性については，ポイントは次の3つです．

まず1点目．日常レベルでのマネジメントがしっかりできていないと，納得性の高い人事評価はできないということです．マネジメントの基本は，部下の仕事の管理にあります．与えた目標と役割達成に向けて部下が適正な行動をとっているかどうかを把握し，必要に応じて問題解決を行なう．この部下の行動の把握がしっかりできていないと，事実にもとづく評価はできませんから，納得性が大きく低下してしまいます．したがって納得性の高い人事評価を実施することと，しっかりしたマネジメントを行なうこととは，コインの裏表の関係になります．

2点目は，人事評価を通じて動機づけやコーチングが適切に実施されることで，部下のみなさんを自律型の人材に導くことができます．日頃，業務を行なっていくなかでの部下とのコミュニケーションも重要ですが，評価面談やフィードバック面談は，上司と部下双方のやり取りのなかで，部下に対する効果的な動機づけやコーチングを行なうことのでき

る絶好の場面です．したがって人事評価を適正に行ない，有効に活用することで，社員を自律型の人材に導くことが可能となるのです．

　3点目は，人事評価の最終的な目的は，人材育成を通じた組織力の向上だということです．人事評価は個人の成果や能力の発揮レベルの差を明らかにしますが，そのことで報酬に差をつけることが最終的な目的ではありません．本人の成果達成度や能力発揮度を認識させることで，仕事のやり方の改善や能力開発の方向性を示し，人材育成を行なうことが重要なのです．そして，それを通じて組織全体のパフォーマンスを向上させることが最終目的なのです．…以上，よろしいですか？」

　三咲の声が，40人ほど集まっている研修室に響きわたっていた．

・・・・・・・・・・・

「きょうお越しいただいたのは，実はこれから当社でも次世代リーダーの育成に本腰を入れて取り組んでいこうと考えてまして」

　三咲が新宿のガイア社を訪問すると，人事部人材開発課主任の中村_{なかむら}敬司_{けいじ}氏が対応してくれた．

「そうですか．貴社でも，とうとうそういった取り組みに関心を示されるようになりましたか」

「はい．前回お手伝いしていただいた開発部門の若手社員プロジェクトの結果からも明らかなように，当社の人材開発体制は立ち遅れています．これまで当社の場合は，ご承知のとおり，大地会長のカリスマ性でここまで大きく成長できた会社なんですね．いまは，大地と二人三脚でこの会社を大きくしてきた秋山が社長をしていますが，実際問題として，そのあとの人材が育っていないんですよ」

「その点は，私も以前から少し気になっていました．そのお二人が現役を退いたら，あとはどなたが引き継ぐのだろうかと」

「そこで今後，人材育成プログラムのなかに次世代リーダー開発プログラムを組み込んでいこうと考えています．定期的・継続的に経営者人材候補を輩出できるような体制をつくっていきたいと考えています」

「貴社の場合，人事制度はもう数年前に導入していてだいぶ機能していますから，これからは，その器のなかに入ってくる人材の充実に注力するのは，望ましい選択です．喜んでご協力いたします」

プロジェクトの打ち上げ会

こうして，20X2年4月，約2年を費やしたプロジェクトに一応のピリオドが打たれた．トリトン社への新制度の全面展開がスタートし，ガイア社でも次代を担う人材育成のための新たな取り組みが開始された．

ゲーム機市場は，満天堂が出した「Will」の大ヒットで，家庭用も携帯型も需要が大幅に伸びてきている状況にあった．トリトン＆ガイア・グループとしては，経営的には前年の暮れにトリトン社から発売された新作ゲームソフト「セイレーン」が絶好調で，業績も上向いてきている状況にある．

プロジェクトも一段落ということで，経営改革チームメンバー全員が揃った打ち上げ会が汐留にある和風レストランで夕方から催されることとなった．

「きょうは，これまでの長きにわたるメンバーの方々のご尽力に感謝して，一献傾けたいと思います．みなさん，本当にご苦労さまでした」

会の挨拶に立ったトリトン社の須藤部長が，引き続き乾杯の音頭もとった．

「本当にご苦労さまでした」

ガイア社の小比類巻部長も三咲に慰労の言葉をかけてきた．

「長丁場でしたが，山あり谷ありで，結構スリリングでしたね」と，ホールディングスの宇野部長．

「いまにして思えば，辛かったことも楽しかったことも，結構いい思い出じゃあないですか」と菊田課長もご満悦の表情だった．

「でも，まだまだこれからですよ．トリトン社では，新制度の定着に向けいっそう注力しなければなりません．ガイア社は今後，コア人材の育成に尽力しなければなりません．両社間での事業部再編もこれからです

ビジネスストーリー6　　Let's ESサーベイ6

し，グループ全体のシナジー創出をどうするかという重要なテーマも残っています．引き続き手綱を引き締めていきませんとね」

　そう三咲はいってみたものの，みんな一仕事を成し終えた達成感にどっぷりと浸っている表情だった．場の雰囲気は，最高にすばらしい．

「今後とも胸を張って，明日に向かっていきましょう！」

　すでにかなりアルコールの回っている中迫が一人，気を吐いて叫んでいる．

「辛かった日々も楽しかった日々も，いつかは過ぎ去っていく．でも，けっしてなくなりはしないのさ…」

　三咲は，窓外の景色を眺めた．正面にみえるレインボーブリッジが夕日に映えて，いつもよりずっと輝いていた．

分析結果を戦略的に活用する
結果のフィードバックと改善施策

すでに述べた Step.4 の分析までの作業が終わると，Step.5 では，その結果をきちんとフィードバックするステップとなる．

1．だれに・どこまで開示するか

役員か部門長か全社員か

ビジネスストーリーのなかでも検討されていたように，このフィードバックの実施にあたっては，いくつか重要なポイントがある．

まずだれに，どこまで開示するかである．実際に社内で ES 調査を実施する場合，実際の依頼はだれから出てくるか．それが経営層や役員クラス，社長などからのものであれば，まず役員層に対するフィードバックは必須となる．

それ以外にはだれが考えられるか．各部門別の情報なども還元していく必要性があるので，そのように考えれば担当部門の部門長やマネジャー層，そして社員全員に回答してもらうので全社員向けといったところが考えられる．

それでは内容はどうか．役員クラスは，ES 調査の直接の社内クライアントなので，この層に対しては，たとえばこれからの人事施策の展開上その意思決定に必要となるあらゆるデータを公開していく必要がある（図表6-1）．つまり全社傾向について単純集計の全体像を示す．また部門別や属性別のクロス集計を提供する．それから，経営層からの追加オー

図表6-1●フィードバックの方向性

◆回答者へのフィードバックは必須になる
◆ただしだれに・どこまでを開示するかは要検討

各層に対するフィードバックのねらいと内容（例）

対　象	方針・ねらい	公開内容（例）
役員層	○人事施策の意思決定に必要なあらゆるデータを公開	○全社傾向（単純集計） ○部門別クロス ○属性クロス　など
マネジャー層	○担当部門の現状把握をねらいとして，該当部門のデータのみ公開	○全社傾向　（単純集計） ○部門別クロス　など
全社員	○ES調査協力に対するフィードバックとして，全社傾向データを公開	○全社傾向（単純集計） ○属性クロス　など

ダーなどがある場合には，すでに説明しているハイパフォーマー分析なども提供する．

　部門長クラスであれば，担当部門の現状把握をねらいとして，該当部門のデータのみを公開する．全社傾向については単純集計の概括にとどめて，各部門別のクロス集計を重点的に還元していくことになる．この場合には，各部門別のフィードバック・シートを作成し，その対象部門に対して対象となるデータを還元することとなる．

　全社員に対しては，そこまで細かいものは必要ないが，ES調査の協力に対するフィードバックとして，全社傾向データを開示していく．この場合には，全社傾向を示す単純集計結果，総合満足度のトータルスコア，各属性とのクロス集計結果などがその内容となってくる．それをたとえばA3用紙1枚にコンパクトにまとめ，社内に公開していくようなやり方となる．

　フィードバックの方法も含めて，だれにどのような情報を提供していくかは非常に重要なポイントなので，不用意な情報開示とならないようよく考慮したうえでフィードバックしていくことが必要になる．

階層別フィードバック資料のつくり方

　資料のつくり方は，**図表6- 2**と**図表6- 3**にそのイメージを掲げておいた．階層別のフィードバックとして，たとえば経営層向け報告書や各部門長向け報告書というように，フィードバックの対象層によって，反映されるデータや還元する情報の中身が違ってくる．したがって自分の会社で取り組む場合には，各階層別のフィードバック資料や報告書フォーマットの内容をよく検討したうえで作成していくことになる．

　全社員向けについては，先ほども触れたとおり，A3 判 1 枚程度にコンパクトにまとめ，自社の Web などに載せて公開する形をとるところが多い．

2．分析結果から課題を明らかにする

　調査ステップの最後，Step.6 の「分析結果の活用」に話を進めよう．

　ES 調査の分析結果からさまざまな課題が明らかになると，次はその課題の具体的な解決に向けて，どのような施策を展開していくか．分析結果をどう活用するかになる．

分析結果の活用方法を考える

　ES 調査を実施してその傾向が出た．各部門の実態も出た．全社傾向と比較した各部門の ES の状況も明らかになった——しかし，そこで終わってしまっては，ES の本来的な調査の目的からすれば，まだ不十分である．その結果を踏まえて，やはり今後の施策にどう展開していくかまで踏み込むべきである．

　たとえば**図表6- 4**に示すように，ES 調査から明らかになった課題例として，階層別ギャップの存在，高水準 ES 拠点と低水準 ES 拠点の顕在化，モチベーションの停滞，現行人事制度に対する不公平感の蔓延などがあげられる場合には，これをどのように解決していくかという人事

図表6-2●階層別フィードバック例

◆フィードバック資料は対象層によってデータや情報が違ってくる

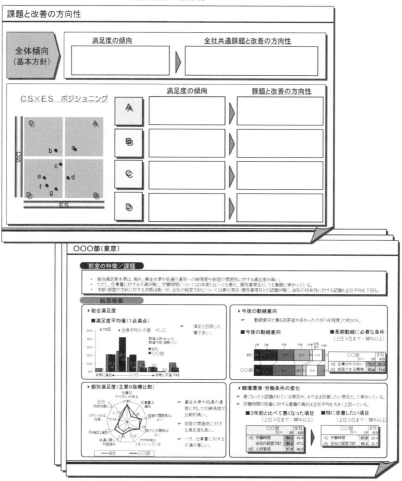

経営層向け報告書

部門長向け報告書フォーマット

◆全社員向けはA3判1枚程度にコンパクトにまとめる

2021年度・社員満足度に関する

調査概要	■調査対象	全社員	■調査期間 2021年6月 (6/24配布〜7/5回収)

■回収状況
	［今回調査］	［昨年］
配布数：	859名	661名
回収数：	809名	630名
回収率：	94.2%	95.3%

《今回調査サンプルの特徴》
・今回調査では子会社を対象から除外。
・回答者は859名と、昨年から198名の増加。「入社1年未満」社員が全体の28%を占めるボリュームゾーンとなっている。
・なお部門別比較については、21/6.末時点の組織図を元にした。

総評／改善ポイント

➤全体的に満足度は高水準で推移するも、やや頭打ちの感あり。高い帰属意識の一方で、将来性への期待感は昨年に比べ弱まっており、大企業的な組織風土に移行しつつある模様。
➤高水準の満足度を支えているのは仕事に対する高いモチベーション。一方、「評価」「部門間コミュニケーション」については全体的に現状評価が低く、満足度を下げる要因となっていることから今後改善を要する重要課題であると言える。

1 総合満足度

➤総合満足度の平均値は3.43（5点満点）と昨年の3.47点から高水準のまま横ばいで推移。
➤昨年同様満足層（「満足＋まあ満足」）は全体の半数を占めるが、最高値の「満足」回答者はやや減少しており若干ではあるが回答の中央化（普通〜まあ満足に集中）が進んでいる。

総合職場満足度：全体

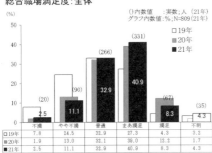

( )内数値：実数；人 (21年)
グラフ内数値：%；N=809(21年)

	不満	やや不満	普通	まあ満足	満足	不明
□19年	7.8	24.5	32.9	27.3	4.3	3.2
□20年	1.9	13.0	32.1	39.0	12.2	1.7
■21年	2.5	11.1	32.9	40.9	8.3	4.3

【所属・属性別】
－ 昨年満足度が極めて高かった「管理部門」「40代〜」「勤続1年未満」層の評価が若干低下したことで、所属・属性間の格差はやや縮小。
－ 一方満足度が大きく伸びたのは「生産」。
－ 相対的に低いのは「開発」。

部門別総合満足度（上位順）

総務部(62名)	3.62	(▲0.20)
生産部(91名)	3.60	(+0.21)
社長室(31名)	3.55	(▲0.27)
営業支店(216名)	3.48	(▲0.02)
営業一部(27名)	3.46	－
営業二部(58名)	3.41	(+0.10)
開発一部(158名)	3.30	(0.00)
開発二部(143名)	3.30	－
開発三部(9名)	3.25	－

2 当社で働いている理由

➤ 当社で働く理由は、昨年・一昨年と同様、業界・仕事に対する興味と将来性への期待に集約される。
➤ ただし昨年大幅に上昇した「将来性」を挙げた人の比率は今回減少に転じた。会社に対する期待感が頭打ちとなる一方、「経営方針に共感できる」との回答は3年連続で増加傾向にある。

（フリーアンサーより）「当社の将来性や業界に興味を持っていたが今はそうでもない」
「会社の将来性はあるがムダなコストや時間をかけすぎている面が多く少々不安になることもある」

当社で働く理由（上位7項目・全体）
［複数回答］

		21年	20年	19年	21-20年
1位	この業界に興味を持っているから	57.2	60.2	62.1	▲2.9
2位	自分の仕事に興味を持っているから	48.3	45.6	48.5	2.8
3位	将来性に期待が持てるから	44.0	50.2	40.3	▲6.2
4位	会社の経営方針に共感できるから	27.7	19.7	9.5	8.0
5位	自分達の会社だという誇りを感じているから	26.6	25.9	20.6	0.7
6位	同業他社に比べて待遇面が良い	26.1	23.8	17.5	2.3
7位	会社の仕事を通して自己実現が図れるから	22.5	19.2	23.4	3.3

【所属・属性別】
－ 所属・属性別に見ても「業界・仕事への興味／将来性」が上位を占める。
－ 「将来性への期待」を挙げた人が多いのは「営業一部(67%)」。
－ ボリュームゾーンの「入社1年未満」層の上位理由は「仕事(54%)／業界(51%)／将来性(47%)」と昨年と同傾向であるが業界・将来性の比率は10%以上減少。

ビジネスストーリー6 Let's ESサーベイ6

アンケート調査　結果報告要約

3　個別満足度

- 満足度の全体傾向は昨年度とほぼ同様。帰属意識・仕事のやりがい・職場の雰囲気・給与水準に対する評価が高い一方で、部門間コミュニケーションや仕事量・組織風土については半数近くが否定的な見解を示している。
- 特に部門間コミュニケーションについては昨年比でも悪化傾向にあり、フリーアンサーでも営業－開発、本社－支店間のコミュニケーションギャップに伴う弊害を訴える声が目立つ。
- また、今回から「評価／上司の指導・育成」に関する17項目を追加した。「評価」関連項目については否定派・肯定派に回答が二分。「指導・育成」については6割以上が肯定的な評価を示している。

経営のあり方	・経営方針の徹底度は昨年比横ばいで6割が肯定的な評価。 ・一方、本部間の連携に対する評価は部門問わず軒並み悪化、6割以上が連携不足を感じている。	「経営方針は徹底されている」56%→59% 「本部間で円滑なコミュニケーションが図られている」43%→36% (フリーアンサー)「横のつながりが複雑すぎるため責任の所在が不明確化」
帰属意識	・昨年同様、帰属意識は部門・属性を問わず高く、86%が今後も当社で働き続ける意向を示している。 ・ただし「今後の方向性に共感」との回答は管理系をはじめ各部門で軒並み低下。特に開発の評価が低い。	「今後も当社で働き続ける」85%→85% 「今後の方向性に共感」77%→74%　※S.P.開発 51% (フリーアンサー)「当社らしさが薄れてきている／内部体制が整わないまま会社が大きくなってしまった事に不安を感じる／将来的に持ちこたえる体力が継続できるか不安」
仕事	・仕事内容に対する満足度は高水準で推移。一方、仕事量・範囲については不満層が半数近くを占め、能率もやや低下ぎみ。 ・仕事量については昨年不満層が過半数を占めていた生産部で大幅に満足度が改善した。	「やりがいを感じる」76%→79% 「仕事は自分に適している」79%→82% 「仕事量は適切」57%→60%　　※生産部 49%→63% 「仕事範囲は明確」53%→49% 「仕事の能率は上がっている」72%→67%
職場の雰囲気	・職場の人間関係については昨年同様高い満足度。 ・一方、職場の活気については生産本部を除く各部門で低下。フリーアンサーではモラル・マナーの向上を求める声も目立つ。	「同僚との関係は良い」86%→89% 「職場に活気を感じる」67%→64% 「言ってもムダと諦める人は少数」47%→44% 「言い出しっぺがあちこちにいて専重される」35%→30% (フリーアンサー)「あいさつ／職場の整理整頓／禁煙マナー」「一部上場企業の社員としてのモラル向上(が必要)」
コミュニケーション	・他部署との協力体制については昨年同様半数近くが連携の不在を感じている。またタイムリーな報・連・相についても半数が実施されていないと感じている模様。 ・連携については開発部門、報・連・相は生産の評価が特に低い。	「他の職場と協力し合える」54%→54%　※開発 43% 「タイムリーな報・連・相の実施」52%　　※生産 36% (フリーアンサー)「他部門とのコミュニケーションが少ないため人に入ってくる情報が少ない・遅い／シナジーを生むための横の情報交換をする場(手段)がない」
上司との関係	・上司の指導・育成／コミュニケーションについては、6割以上が満足している一方で、指示の明確さについては半数が不満と回答。昨年からも評価は低下傾向にある。	「信頼して仕事を任せてくれる」83%→85% 「部下の能力を伸ばす行動」63%→66% 「不平不満を聞いてくれる」63%→66% 「指示は明確」55%→49%
評価・処遇	・実力主義の徹底度／評価の公平性については肯定派・否定派に二分。本部間の評価レベル差については6割が不公平感を抱いている模様。 ・評価に関しては営業二部の満足度が特に低く、また属性では30〜34歳・入社5〜10年の若手中堅層の不満が高い。 ・給与水準については7割前後の高い満足度を維持。但し昨年水準はやや下回り、部門属性問わず5〜10%の下落率。	「実力に応じた処遇」55%→54%　※営業二部　21% 　　　　　　　　　　　　　　　　　5〜10年　41% 　　　　　　　　　　　　　　　　　30〜34歳　46% 「人事評価は正しくされている」66%→68% 「本部間で評価レベルの差はない」43% 「給料は他社に比べて良い」82%→75%
福利厚生	・福利厚生・労働条件に関する評価は軒並み改善傾向にあり、7割前後の高い満足率となっている。 ・労働時間については営業支店の満足度が低く、半数が不満を感じているものの、昨年からは大幅な改善が見られた。	「福利厚生の制度・施設は充実している」61%→63% 「勤務時間は適切」64%→64%　※営業支店 40%→50% 「休日はとれている」66%→73%　※営業支店 31%→55%

4　意見具申について

- 「機会があれば社内改善のための具体的な提案をしたい」という問いに対し、88%が「そう思う・まあそう思う」と回答。所属部署・属性問わず高い比率となっている。特に営業一部では100%の回答率。

分析結果を戦略的に活用する

図表6-4●分析結果の活用方法

◆ES調査の結果を踏まえて今後の施策展開を考える

ES調査から明らかに なった課題（例）	課題解決に向けた人事施策の実施（例）
階層別ギャップの存在	○全マネジャー層を対象としたフィードバック研修の実施 ○調査結果を踏まえた部門別中期計画立案支援
高水準ES拠点と 低水準ES拠点の顕在化	○高水準拠点の徹底分析によるベンチマーク ○採用要件の作成 ○拠点評価指標への取り込み
モチベーションの停滞 現行人事制度に対する 不公平感の蔓延	○組織機構・風土改革　―責任と権限の範囲の明確化 　　　　　　　　　　　―コミュニケーション戦略立案 ○新人事制度の設計・導入・運用支援

の施策に結びつけていくことになる.

　階層別にギャップが存在している場合，これが結構大きな問題だということであれば，マネジャー層を対象としたフィードバック研修をまずきちんと実施して，現状認識をしてもらう.調査結果を踏まえたうえで部門別の中期計画のなかに，これらの課題解決のための施策を立ててもらうように，そのサポートをしていく.

　また高水準 ES 拠点と低水準 ES 拠点が明確に出てきているということであれば，そのための人事施策としては，高水準拠点の徹底分析によるベンチマークを実施して，非常に ES の高い拠点の根本的な原因は何かを突き止めておく必要がある.あるいは採用要件をきちんと作成して取り組んでいくということになるかもしれない.拠点評価指標の検討というようなことであれば，なんらかの指標を選定して拠点別評価を実施していくこととなるだろう.そのような人事施策の展開が今後，考えられていくことになる.

　一方，モチベーションの停滞が深刻であるという課題に対しては，たとえば組織機構の改革や風土改革を実施して，責任と権限の範囲の明確化やコミュニケーション戦略の立案・実施が求められてくるかもしれない.現行の人事制度に問題があり，それが中長期的にみたモチベーショ

ンの停滞につながっているということであれば，新人事制度の設計・導入や運用支援をきちんと実施することにつながっていく．

　分析結果を今後の人事施策展開上の方向性として，どのように活用していくかということが問われてくるのである．

3．具体的施策の展開で実効性を高める

分析結果の施策への展開

　最近，ES 調査の実施を検討する企業では，単に現状確認のためだけに調査を依頼してくるのではなく，それを踏まえた具体的な施策展開を重視するところが増えてきているのが顕著な傾向である．これは，ES 調査を単なる調査レベルにとどめるのではなく，自社の経営改善に役立てようとする企業が増えてきたことの証左である．

　たとえばすでに過去 5 年程度お付き合いさせていただいているあるクライアント企業では，部門別に調査結果をフィードバックして，それをベースに各部門ごとに施策を考えさせることを奨励している．こういう結果が出ていて，このあたりに課題がある．だから来期に向けて各部門別にどのような取り組みをするのか，改善施策を提案させるということを実施している企業もあるのだ．

　具体的な改善施策にも，その内容によってはそれぞれレベル分けをする必要がある．たとえば各部門別に取り組めるものもあれば，全社的に取り組まなければならないものもある．特に現行人事制度の見直しということになると，これは人事が中心となって全社的に取り組んでいかなければならない．また各部門別で対応できる課題と全社で取り組むべき課題，場合によっては役員層に対する意見や要望が強いケースでは，役員層に対して改善施策を提出していただくようなことを求める場合も出てくる．

　このように出てくる課題のレベルによって，全社レベルなのか部門レ

ベルなのか，特定レベル層に対する改善要求なのかが異なるので，それ
ぞれ取り組み方や取り組むべき担当部署も変わってくる．それぞれ上
がってきた課題をよく吟味して，どの層のどういった人たちに，来期に
向けた改善施策を打っていくのか，協力を要請していくのかを判断しな
がら実施していくことになる．

　図表6-5には，分析結果の施策への展開例をあげておいたので，参考
としていただきたい．内容によっては，経営や情報システムなど，人事
関連以外の課題に発展する可能性があることが理解されるだろう．

　以下では，ES調査のなかから明らかになった個別課題の改善の方向
性としてどんなことが考えられるか．事例を示して解説しよう．

「仕事のやりがい」への対応策

　仕事のやりがいが課題としてあげられた場合には，次のような方向性
が考えられる．調査結果から，仕事のやりがいを向上させるには，「適
材適所の人材活用」「自己成長に対する期待」がポイントであると判明
すれば，これらをいかに実現するかが鍵となる．

❶適材適所の人材活用
・管理職のマネジメント力の向上
・日常業務における部下の実際の行動や適性の把握
・人事評価を通じた能力活用の客観的なフィードバック
・日常業務の振り返りと必要な能力の開発プラン策定
・スキル・アセスメント，コンピテンシー・アセスメントによる科学
　的な側面からの社員の特性診断
・自己評価と他者評価による強みと弱みの棚卸し（360度フィードバッ
　クや研修を通じて自己認識と他者認識のギャップを理解／他者，他部門
　の自分自身に対する期待＝果たすべき役割を理解するという効果も期待）
・自己申告制度を活用し，本人が適性のあると考える業務へのロー
　テーション

ビジネスストーリー6　　Let's ESサーベイ6

図表6-5●分析結果の施策への展開例

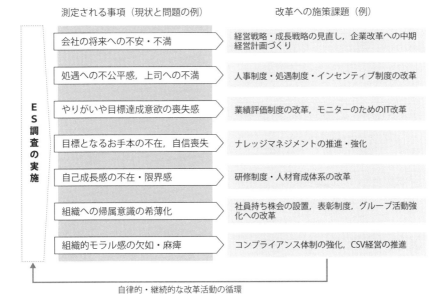

◆ES調査を実施する企業では，現状把握だけでなく，具体的な施策展開をすることが顕著になっている

測定される事項（現状と問題の例）	改革への施策課題（例）
会社の将来への不安・不満	経営戦略・成長戦略の見直し，企業改革への中期経営計画づくり
処遇への不公平感，上司への不満	人事制度・処遇制度・インセンティブ制度の改革
やりがいや目標達成意欲の喪失感	業績評価制度の改革，モニターのためのIT改革
目標となるお手本の不在，自信喪失	ナレッジマネジメントの推進・強化
自己成長感の不在・限界感	研修制度・人材育成体系の改革
組織への帰属意識の希薄化	社員持ち株会の設置，表彰制度，グループ活動強化への改革
組織的モラル感の欠如・麻痺	コンプライアンス体制の強化，CSV経営の推進

ES調査の実施

自律的・継続的な改革活動の循環

※CSV（Creating Shared Value）：共有価値の創造

❷自己成長に対する期待

・社員の成長段階に応じた期待役割の拡大（継続的に成功実感が得られるよう適度に期待役割をストレッチし，役割遂行に向けて支援する）

・戦略的なキャリアプランの策定（長期的視点での期待役割や役割遂行に必要な能力を設定し，現時点での社員本人の成長段階とのギャップを把握．そのギャップを埋めるための具体的なキャリアプランを策定）

「人事評価」への対応策

人事評価が課題としてあげられた場合には，次のような方向性が考えられる．調査結果から，人事評価の満足度を向上させるには，「人事評価基準の明確化」「人事評価における行動のプロセス（過程）の重視」「評

価にもとづく適切な処遇」がポイントであると判明すれば，これらをいかに実現するかが鍵となる.

❶人事評価基準の明確化

・評価者の人事評価に対する理解の促進（評価者の評価スキル向上が基本／目標管理制度を導入している場合，目標設定根拠を部下に対してきちんと説明する／能力評価など，人事制度上あらかじめ基準が設定されている場合には，評価者の基準に対する理解を深める）

・「評価調整会議」などを開催し，部門間で評価基準のすり合わせを行なうことも効果的

❷人事評価における行動のプロセスの重視

・結果評価とプロセス評価のウエートバランスを見直す

・プロセス評価が結果に引きずられている可能性があり，評価者の評価スキルの向上が必要

❸評価にもとづく適切な処遇

・人事評価の制度と運用の見直し（人事評価制度が社員の成果や努力を適切に評価できる仕組みとなっているか確認／評価者が日常の部下の仕事ぶりをきちんと把握し，具体的な行動の事実にもとづいて評価しているか，運用面の実態の確認が必要）

・昇格・降格制度の見直し（昇格・降格基準の要件が明確かどうか再検討／昇格・降格基準に評価者の恣意性が入り込む余地はないか）

・評価結果の適切なフィードバックの実践（評価結果を被評価者にきちんとフィードバックしているか．特に一次評価結果と最終評価にギャップが生じた場合に，その理由も含めて適切にフィードバックしているか）

「人材育成」への対応策

人材育成の満足度を向上させるためには，「仕事での成長実感」と「キャリアパスの明確化」がキーとなれば，たとえば次のような内容がポイン

ビジネスストーリー 6　　Let's ES サーベイ 6

トとなってくる.

❶仕事での成長実感

・自分の仕事の役割を明確にし，役割完遂による仕事のやりがい，成長実感を高める

・役割の定義と役割遂行に求められる発揮能力の明示（役割を遂行する上で発揮する必要のある能力，いわゆるコンピテンシーを職種・等級別に明示し，社員の能力開発を日常業務のなかで促進する）

❷キャリアパスの明確化

・まずは自己の強みと弱み，仕事のモチベーションの源泉を探る現状分析をする．外部研修の活用も視野に効果的な方法を検討

・キャリアパスの明確化の基本は，仕事での成長実感と同様に，毎期の個人目標の適切な設定が重要（中長期的なキャリアパスは事業の中長期計画にもとづいた設定が必要．具体的には，人事制度上の役割を定義する．ただし中長期的なキャリアパスは，成長段階の確認や振り返りの期間が長くなったり，パスの内容が抽象的になる傾向があるので注意する／この点を補完すべく，毎期の目標設定において実務と本人の成長段階に即した目標設定が求められる．目標管理の PDCA サイクルをきちんと回し，その時々の課題分析と解決策を明確にすることの積み重ねが，将来の自分自身のイメージにつながる）

4．定期的・継続的な調査実施の必要性

ES 調査の「継続性」の尊重

このように，調査は継続的に実施することが重要だ．スポット的に「うちの会社の ES はどうなっているのだろう？」「今期は，ちょっと ES でもやってみようか」といった感じで，単なる思いつきのように単発で実施されるケースも確かにある．しかし ES の重要性をよく理解している企業の場合は，やはり経年か隔年ペースで定期的・継続的に調査を実施

するところが多い．単年度の試みではなく，課題抽出から改善・評価に至るまでの一貫したサイクルにES調査を組み込むことで，継続的な企業価値向上を実現するというスタンスが必要である．

　もちろんテーマによっては単年度では改善できないものもある．中長期的スタンスで取り組んでいかなければならないテーマの場合には，毎年毎年，それに取り組んでいくなかで，ESがどのように変化していくか注意深くウォッチしていく必要性が出てくる．このあたりを考慮すれば，やはり定期的・継続的にES調査を実施することの意味がおわかりいただけるだろう．

　すでに紹介したが，ESとCSとの相互連関性を重視して，ESが改善された拠点ではCSもそれに連動して改善されたという分析結果が出ているクライアント企業の場合には，過去3年，継続的にESとCSとの両面から調査を実施している．そしてそれぞれをきちんと比較して，どこがまずいのか，それぞれの拠点別に改善施策を打ち，毎年毎年CSとESの動きをウォッチしながら複数年やってきたという経緯がある．

　そのなかでESが徐々に改善され，それにともなってCSも改善されるという方向で変化が現われてきているのだ．したがってES調査を単体で実施することも重要だが，できればそれが本当にCSにどう関係してくるのか，CSに対してどういう影響を及ぼしていくのか，あるいはCSがそれによってどのように改善されるのかというような観点から，ESとCSをセットで実施していくことが，全社的経営の視点からは重要ではないかと思われる．

　人事部門が中心となって取り組む場合には，とりあえずは自分たちの部門で取り組めるES調査ということになりがちだ．しかし，CSを実際に担当している部門，それは経営企画部やマーケティング部だったりするわけだが，それらの部門とうまく連携しながら，経年でESとCSとの関係をみていくことをおすすめしたい．

　ちょうど**図表6-6**に示すように，初年度ESを実施して，課題を抽出し，

ビジネスストーリー6　　Let's ESサーベイ6

図表6-6●継続的な調査の重要性

◆単年度の試みではなく，課題抽出から改善・評価に至るまでの一貫したサイクルにES調査を組み込むことによって，継続的な企業価値向上を実現する
◆ES調査を継続的に行なうことで前年の施策結果の評価が可能
◆その年の調査目的に応じて，課題仮説を質問項目に盛り込む

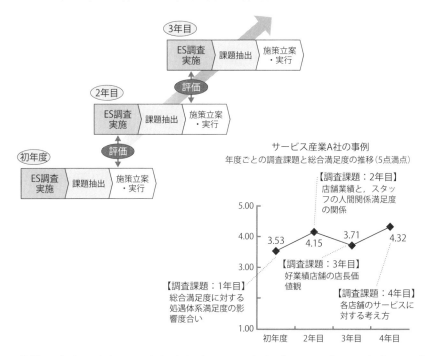

サービス産業A社の事例
年度ごとの調査課題と総合満足度の推移（5点満点）

施策を立案・実行し，また次年度それにもとづいて調査票の中身も見直して，また実施して，出た結果についてまた改善施策を打っていく．継続的に実施することで，ES調査の中身も整備・充実が進み，全体的なESのスコアもよく把握して，その変化を捉えながら定期的・継続的に調査を行なっていく．そして最終的には企業の価値創造，株主価値の向上につながっていくような方向に向かうというのが，ES調査の理想形である．その出発点としてのESの重要性は，本書のなかで首尾一貫してなされてきた主張であった．

　最後にもう一度この点を確認して，本書の締めくくりとしたい．

ESの向上こそが
企業の未来を拓く

　ビジョンの重要性も理解した. 戦略の大切さも学んできた. マーケティングの機能もわきまえているつもりでいる. しかし, 最後の最後にあてになるのは, やはり「人の力」である.

　仕事柄, 人と接する機会が多い. 経営にとって大事なものは何かを考える機会が多い. ES調査の仕事を手がけて30年ほどがすぎた. ESは, けっして爆発的なブームになるほど脚光を浴びる分野ではない. しかしこの間, どのタイミングにおいても根強いニーズがあったことは紛れもない事実だ.

　ESとCSを比較すると, どうしてもCSが優先される.「お客様満足」は, だれもが直接的に企業の収益や業績に影響を及ぼすものと直感的に感じるからに違いない. それに比べてESは, いまでもともすると社員の「わがまま」に真正面から応えるかのように思われかねないところがある. そんなところから, 業績が好調なうちはESが軽視されるという風潮もある. しかし, 会社の業績が傾いてしまってからESに目を向けても, すでに手遅れだ. そんな状況をつくり出し, 容認してきた経営者を社員がいまさら信用するはずもない.

　最近のES調査の傾向として, 経営そのものとESとの間に密接な相関がみられるようになったことがある. 経営方針やビジョン, 戦略などに対する共感度がきわめて低く出てくる場合があるのだ. 経営者はもっと凛として, 自社の未来を語る必要がある. その場合のキーワードは,「インテグリティ」(高潔さ)である.

・・・・・・・・・・・・

　構造不況の業種や業界で，企業業績がよくないのは当たり前である．業績が悪いときには，総合満足度も全般的に低くなる．これはある意味で致し方ない．しかし，その内容を事業部や部門別に少し細かくみると，そんななかでも高ES部門や高ES職場があることに驚かされる．会社の業績が悪くとも，高いESを維持できる秘訣はどこにあるのか．高ES職場の特徴をよくみると，コミュニケーションのよさがある．部門長や所属長が，職場の社員とよくコミュニケーションをとっているのだ．会社の現状や部門の状況，そこから出てくる足元の課題．これらに対する理解度が高い場合に，高いESが維持される．

　一社員の立場からすれば，自分が所属する組織の現状，そのなかでの自分の役割や取り組むべき課題，当面の目標などが明確であり，それが日々の業務のなかできちんと進捗している状況がよくわかる場合に，社員のESが高くなる．もちろんこれには，必要に応じた面談や評価結果のフィードバックが適切になされているという前提があるが，成果を上げる社員は，自分の価値が認められ，尊重されているという前向きな環境で働くことを望んでいるのである．

　このような事実に遭遇すると，ES向上のための職場施策は，ひょっとしたらきわめてシンプルなものではないかとも思える．要するに，上司が日頃からよく部下に気を配り，部下自身にも自分が大切にされているという実感があること，まさしくそれがES向上の秘訣ではないか．結局のところ，組織の力とは，所属する人間同士の関係のダイナミズムから生まれてくる．ESの高い職場には，信頼と誠実さがそのベースになくてはならない．社員を信頼するだけではなく，社員からも信頼される部門長やマネジャーとなっていくことが必要なのである．

　業績や顧客満足の向上に対して直接的に働きかけられるのは，やはり現場第一線の社員である．部門長やマネジャーは，それに直接的に関与することはむずかしい．だから現場の最前線で働く社員たちに「奉仕」

して，彼らが働きやすい環境づくりを支援することが基本となる．これがサーバント・リーダーの仕事の本質だ．

・・・・・・・・・・・

「社員満足度向上室」などの名称をもつ専門部署を設置して，ES活動に取り組む企業もある．ES活動は地道な活動である．しかし，地道に愚直に続けていけば，経営が何か予期せぬ事態に陥った場合でも，ESがその下支えをしてくれる．

　企業業績は，さまざまな要因から成っている．しかし，単純にいってしまえば，結局それは，人の力の結集である．この点だけを捉えてみても，ESの向上こそが企業の未来を拓くということがわかる．社員全員がはつらつと，いきいきと仕事をしている企業は，おそらく近い未来の優良企業だ．だから企業の未来予測をしたいなら，その会社で働いている社員の状況をつぶさに観察してみればよい．ESの高い企業が明日の成長企業に間違いないからだ．そうした点からも筆者は，人の力の無限の可能性を楽天的に信じている．

著　者

吉田　寿（よしだ・ひさし）
HR ガバナンス・リーダーズ指名・人財ガバナンス部フェロー，BCS 認定プロフェッショナルビジネスコーチ.
早稲田大学大学院経済学研究科修士課程修了．富士通人事部門，三菱 UFJ リサーチ＆コンサルティング・プリンシパル，ビジネスコーチ常務取締役チーフ HR ビジネスオフィサーを経て 2020 年 10 月より現職．"人"を基軸とした企業変革の視点から，人材マネジメント・システムの再構築や人事制度の抜本的改革などの組織人事戦略コンサルティングを展開．主な著書『未来創造型人材開発』（経団連出版），『働き方ネクストへの人事再革新』（日本経済新聞出版），『世界で闘うためのグローバル人材マネジメント入門』（日本実業出版社）ほか多数.

増補新装版　**社員満足の経営**
しゃ いん まん ぞく けい えい
－ES調査の設計・実施・活用法

著者◆
吉田　寿

発行◆2007年3月30日　初版第1刷
　　　2021年9月20日　増補新装版第1刷

発行者◆
輪島　忍

発行所◆
経団連出版
〒100-8187　東京都千代田区大手町1-3-2
経団連事業サービス
電話◆［編集］03-6741-0045　［販売］03-6741-0043

印刷所◆サンケイ総合印刷